MIX
Papier aus verantwortungsvollen Quellen
FSC www.fsc.org
FSC® C083411

3. Auflage

www.conbook-verlag.de

Projektleitung und Lektorat: Julia Kaufhold
Einbandgestaltung und Satz: David Janik unter Verwendung von Lizenzmaterial © istockphoto.com/cgnznt144
Druck und Verarbeitung: CPI books GmbH, Leck

Printed in Germany

ISBN 978-3-943176-41-4

FETTNÄPFCHENFÜHRER

Petra Dubilski

IRLAND

Alles im grünen Bereich

»Eigentlich wandern wir gar nicht aus. Eigentlich ziehen wir nur um.« Darin sind sich die Berliner Jo und Micha einig. Was soll schon groß anders sein beim Nachbarn auf der grünen Insel?

Außer vielleicht, dass es dort locker und lässig zugeht, die Menschen mehr Lebensfreude ausstrahlen, dass in Irland wirkliche Freiheit herrscht und einige Ecken noch unberührt sind. Mit allem modernen Komfort natürlich – Kanada für Feiglinge sozusagen.

Irrtum. Irland ist ein Land für Mutige, die bereit sind, soziale und mentale Hürden zu überspringen, die lernen, »so zu tun, als ob« und voller Inbrunst in den »Schlimmer geht's immer«-Gesang mit einstimmen. Für Menschen, die nicht mit der Wimper zucken, wenn ihnen eine Toastbrotmaserung als Madonnenantlitz verkauft wird oder wenn von ihnen verlangt wird, sich für eine fremde Urlaubsreise den Bart abschneiden zu lassen.

Trotzdem: Ganz falsch liegen Jo und Micha nicht. Irland ist locker und lässig, aber klar. Bis an die Grenze des Erträglichen. Doch jenseits dieser Grenze liegt die endlose Freiheit, das Leben mit Humor zu sehen.

Petra Dubilski, geboren und aufgewachsen in Berlin, mit längeren Zwischenstationen in Baden und Schwaben, studierte an der Uni Freiburg und der FU Berlin alles mögliche, was die Welt und den Menschen erklären könnte, mit Abschluss in Soziologie. Nach Jahren in meist sozialen oder kreativen Berufen arbeitete sie als Redakteurin bei einer überregionalen Tageszeitung, machte sich anschließend selbstständig und schrieb Reisebücher. Heute lebt sie als freie Autorin und Übersetzerin in Irland, wo sie sich seither mit Realitäten auseinandersetzt, die sie seit über 17 Jahren auf der grünen Insel noch immer verblüffen – und faszinieren.

Inhalt

Inhalt

Inhalt

Vorwort

Was mag es sein, was Irland für viele Menschen so faszinierend macht? Die Insel liegt in Europa, wenn auch ganz am Rand, sie ist Teil der europäischen Kultur, wenn auch mit kolonialem Erbe und eigenwilliger Ausprägung, das Wetter ist notorisch schlecht, auch wenn einige der Landschaften schlichtweg spektakulär sind, kulturelle Sehenswürdigkeiten gibt es zwar reichlich, aber längst nicht so viele wie zum Beispiel im benachbarten Großbritannien.

Irland ist so nah und doch in vielerlei Hinsicht so fern, geprägt nicht nur vom gerne gepflegten Klischee der Naturverbundenheit und Lebensfreude, die touristische, literarische und filmische Medien verbreiten, sondern auch vom Mythos der Kelten, der Freiheitskämpfer und von einem Heimatgefühl, das nichts mit tatsächlicher Heimat zu tun hat.

Einen Teil der Schuld mag Heinrich Bölls »Irisches Tagebuch« haben, in dem er (scheinbar) eine Welt zeichnet, die mit ihrer Nähe zur Natur, Arglosigkeit und Schlichtheit so weit entfernt vom Nachkriegsdeutschland war, wie es nur irgendwie ging. »Heimat« wurde zum Synonym von »Unschuld«, was vor allem in Deutschland zu sporadischen Auswanderungswellen auf die grüne Insel führte, auch wenn die Auswanderer der jüngeren Zeit vornehmlich nach gut bezahlten Arbeitsplätzen suchten – ein Traum, der nach dem Wirtschaftscrash von 2008 genauso wenig in Erfüllung ging wie der Traum jener, die in Irland nach imaginären Wurzeln suchten.

Dennoch hat die Anziehungskraft der grünen Insel bis heute nicht nachgelassen. Noch immer schwärmen Urlauber von der Weite und Wildheit der Landschaft, den steilen Klippen, dem donnernden Atlantik, den Burgen und frühchristlichen Relikten, den lebendig-chaotischen Städten, der Musik und den fröhlichen und freundlichen Menschen sowie von der Historie, die allerorten zu spüren und zu entdecken ist.

Aber das ist Urlaub mit einem Reiseführer in der Hand, der all die zweifellos schönen Ecken der Insel beschreibt. Anschließend geht es wieder ins vertraute Heimatland, wo sich die Sehnsucht in Foren und Blogs niederschlägt und Irland zu weich gezeichneten Fotos kondensiert.

Wer sich jedoch entschließt, hier zu leben, wird sich schnell von manchen Träumen verabschieden und umdenken müssen. Für ein kleines Land, nur einen kurzen Sprung mit dem Flugzeug entfernt und in vielerlei Hinsicht kulturell so nah an Deutschland, bietet Irland einen überraschenden Haufen an Fallen und Frustrationen, die so gar nicht ins Traumbild passen wollen. Manches mag tatsächlich abschreckend sein, besonders in bestimmten Teilen der größeren Städte: Es gibt nicht nur nette Iren, sondern auch – wie überall in der Welt – bärbeißige, kühle oder auch kriminelle Menschen, die in den Filmen und Reiseprospekten nicht auftauchen. Vieles ist jedoch nur deswegen verwunderlich oder schlimmstenfalls ärgerlich, weil manche Zuwanderer sich nicht von den Klischeebildern und vor allem nicht von ihrer eigenen kulturellen Prägung lösen können.

Wer sich aber wirklich einlässt, bereit ist, zu lernen und sich von lang gehegten Illusionen zu verabschieden, wird in der Tat »sich selbst finden«, nämlich völlig neue Seiten der eigenen Person entdecken und statt Hürden neue Horizonte erblicken. Vor allem aber wird er in einer vollkommen anderen Umgebung einen unverstellten Blick auf die eigene Herkunft und die eigenen Erwartungen werfen können.

Der Traum vom grünen Paradies

Intro

Das *Shamrock* in Berlin ist wie jedes Jahr am St. Patrick's Day proppenvoll. Irische Musik dudelt aus den Lautsprechern, Barkeeper Shane strahlt wie immer und zwinkert vor allem den weiblichen Gästen zu, die mit jedem Getränk weichere Knie bekommen. Und er schafft es nebenher, ein Glas Guinness nach dem anderen zu zapfen, ohne auch nur eine einzige Bestellung zu vergessen.

Auch wenn der Charme Shanes an ihm vorbeigeht, ist Micha in seinem Element. Die Bedienung bringt ein ganzes Tablett mit frischem Nachschub des schwarzen Gebräus an den Tisch der Freunde, die in ihren Irlanderinnerungen schwelgen. Micha und Tom waren vor über fünfzehn Jahren mit dem Rucksack auf der grünen Insel unterwegs, und ihre Geschichten werden, je mehr Guinness sie intus haben, immer bunter und verklärter.

»Weißt du noch, wie wir in dem einsamen Pub in Donegal gelandet sind und so besoffen waren, dass wir das Hostel nicht mehr gefunden haben?«

»Klar, wir haben dann einfach am Strand gepennt, und mitten in der Nacht kam die Flut ...«

Schenkelklopfen.

»Das hätte ich gerne gesehen«, grinst Tina, »euch in nassen Unterhosen!«

»Wenn du den Sonnenaufgang gesehen hättest, den mystischen Nebel, die absolute Stille, nur das Rauschen des Atlantiks, und hinter uns kahle, einsame Berge mit weißen Schafstupfern, dann wären dir nasse Unterhosen egal gewesen.« Micha kriegt wieder den verträumten Irlandblick, der die Blasenentzündung nach dieser Nacht völlig ausblendet.

»Ich freu mich so auf Irland.« Jo schmiegt sich an Micha. »Ich kann kaum erwarten, bis wir da sind.«

Tina verdreht die Augen. Sie hat drei Jahre in Dublin und dann in Limerick gelebt und gearbeitet. Manchmal gehen ihr die Irlandträumereien ihrer Freunde auf die Nerven. »Leute, fahrt hin, Irland ist schön, aber nur als Urlaubsziel. Dort zu leben ist eine ganz andere Sache. Da ist Ende der Romantik, glaubt mir. Schaut es euch doch erst einmal an, bevor ihr umzieht.«

»Dublin ist nicht Irland. Und Limerick schon gar nicht!« Tom kriegt wieder den leicht scharfen Unterton, der sich immer dann einstellt, wenn Tina mit ihrem Realismus allen in die irlandgrüne Parade fährt.

»Ach hört doch auf!« Jo will sich die Stimmung auf keinen Fall verderben lassen. Sie winkt der Bedienung und hält vier Finger hoch – noch eine Runde.

»Ich wollte schon immer in Irland leben«, sagt Micha trotzig. »Ist doch genauso wie Umziehen innerhalb Deutschlands. Alles Europa. Und ich hab die Schnauze voll von Deutschland. Die ganze Bürokratie, alles dreifach abgesichert, Überwachungsstaat, alles Einschnürung und Bevormundung. Da sind die Iren doch viel lockerer.«

Tina blickt ihn spöttisch an. »Logisch sind die Iren viel lockerer mit ihrer Abneigung gegen Reglementierungen. Deswegen sind sie ja auch so chaotisch. Und Jobs – die sind mittlerweile Mangelware. Was meint ihr, warum so viele Iren auswandern und warum ich nach drei Jahren wieder zurückgekommen bin? Glaubt mir, irgendwann werdet ihr euch verzweifelt nach deutschen Regelungen, Standards und vor allem Sicherheiten sehnen.«

»Niemals!«, lacht Jo. »Ich liebe Chaos, Nonchalance und das irische *mañana.* Für mich ist Chaos Kreativität, Nonchalance bedeutet, dass alles etwas lockerer gesehen wird, und *mañana* ist die Freiheit von Druck und Stress. Außerdem arbeite ich als freie Lektorin für deutsche Verlage, bin also unabhängig von Jobs in Irland. Und Micha ist ja IT-Fachmann, da findet sich immer was, oder?«

Shane bringt die nächste Runde höchstpersönlich und grinst. »Sorry, Jo, aber Chaos heißt bei uns, dass nichts klappt, wie es soll, Nonchalance, dass keiner eine Ahnung hat, aber so tut, als ob, und was das *mañana* angeht: ›Morgen‹ heißt nicht morgen, sondern ›wenn ich es nicht vergesse, dann vielleicht irgendwann demnächst‹ ... Muss wieder zapfen, bis später.«

Tina und Tom lachen, Micha grinst und Jo verdreht die Augen. »Wir schaffen das schon. Es gibt doch nichts Tolleres, als sich auf ein Abenteuer einzulassen. Wer weiß, welche neuen Fähigkeiten wir in uns selbst entdecken.«

»Na dann, viel Glück!«, grinst Tina.

Eine halbe Stunde später verabschieden sich Jo und Micha mit einer herzlichen Umarmung von ihren Freunden. »In ein paar Tagen geht's los, und es ist noch so viel zu erledigen.«

Shane zwinkert ihnen zu und ruft hinterher: »Und schickt mir eure neue Blog-Adresse! Bin ja gespannt, wie es euch in meiner alten Heimat ergeht.«

1 Irrfahrt durch Irland

Jo schreibt:

Geschafft, wir sind in Irland! Zum Glück hat unser B&B WLAN, auch wenn's etwas dauert, bis es in die Pötte kommt.

Die erste Etappe ging ziemlich glatt: von Berlin nach Calais, Fähre von Calais nach Dover, Fahrt durch England und Wales, Fähre von Fishguard nach Rosslare. So weit, so gut.

Es war märchenhaft, als Irland in der Morgendämmerung wie eine mythische Erscheinung aus dem Meer auftauchte, die blinkenden Lichter des Fährhafens von Rosslare wie das typisch irische Augenzwinkern. Micha hatte sich schon in die Schlange gestellt, um runter zum Auto zu kommen, aber ich wollte den Moment oben auf der Fähre noch genießen. Auf meinem MP3-Player hatte ich Mary Black laufen: *»Song for Ireland«*. Unsere neue Heimat!

Es war kalt und regnerisch, als wir mit unserem vollgepackten Kombi endlich aus dem Fährhafen fuhren. Das Schild *»Keep Left«* an der Ausfahrt zur N25 war unübersehbar.

Micha grinste: »Als Tom und ich damals getrampt sind, standen wir erst an der falschen Straßenseite. Aber es hat trotzdem jemand gehalten. Die Iren sind halt gemütliche Autofahrer.«

Die regennasse Schnellstraße sah irgendwie gar nicht gemütlich aus. Und die Umgebung war überhaupt nicht wild und romantisch, sondern flach und grün und grau. Ich stöpselte mir wieder meine Kopfhörer ein. Die Dubliners mit einer alten Aufnahme. Schon sah die Landschaft irischer aus.

»Idiot!«, schrie Micha plötzlich und trat auf die Bremse. Aus einem Seitenweg war ein Auto auf die Schnellstraße aufgefahren und schlich nun vor uns her. »Puh, das war knapp. Hat der denn keine Augen im Kopf?« Micha schaltete in den zweiten Gang runter.

»Gemütliche Autofahrer, nicht wahr, Sweetie?« Ich konnte mir ein Grinsen nicht verkneifen.

Micha versuchte zu überholen, was mit einem deutschen Linkslenker gar nicht so einfach war. »Guckst du mal, ob frei ist?«

Ein großes grünes Schild mit kryptischen Pfeilen tauchte vor uns auf.

»Immer auf der N25 bleiben«, sagte ich nach einem Blick auf die Karte.

Michas Stimme klang angespannt: »Da sind zwei Pfeile in Richtung N25. Welcher jetzt?«

»Die erste links, glaube ich jedenfalls. Wir hätten uns doch ein Navi anschaffen sollen.«

Micha verdrehte die Augen und setzte an, links in den Kreisverkehr einzubiegen. Und legte eine Vollbremsung hin. Von rechts raste ein Auto heran. »Der hat doch nach links geblinkt, der Idiot! Und das Handy am Ohr, ich glaub's nicht!«

Ich atmete tief durch. Die Landschaft wurde allmählich abwechslungsreicher. Hin und wieder tauchten Silhouetten von sanften Bergen in der Ferne auf, die Sonne blinzelte hier und da durch die schweren Regenwolken und ließ einzelne Flecken grün aufleuchten. An einem Hang sah ich die ersten wollig-knuffigen Schafe herumtrödeln. »Schön hier«, seufzte ich.

»Ach ja, toll«, brummelte Micha. »Ich meine: *toll bridge*, Mautstelle. Hast du Kleingeld parat?«

Ich kramte in meiner Handtasche.

»Los, Jo, hinter uns bildet sich schon eine Schlange.«

Ich warf die Münzen (eins fünfzig – ganz schön happig!) in den Geldkorb, und wir konnten durch die geöffnete Schranke fahren. Ich fragte mich, was wohl Autofahrer mit Linkslenker ohne Beifahrer machen. Die müssen vermutlich aussteigen und ums Auto herumlaufen.

Toll bridge ahead – get in lane: Mautgebühren für Autofahrer

Autobahnen gibt es nur wenige in Irland, die meisten führen von Dublin sternförmig zu anderen größeren Städten oder um Dublin herum, wie die berüchtigte, weil für Außenstehende unübersichtliche und stets verkehrsreiche Ringautobahn M50. Die Mautstellen sind große Anlagen, die an Grenzübergänge erinnern und in der Regel *toll bridge* heißen – Mautbrücke. Regelmäßige Fahrer können einen Mautpass erwerben, um das lästige Anhalten, um Geld in den Zahlkorb zu werfen, zu vermeiden.

Die Mautpreise schwanken derzeit zwischen 1,40 und zehn Euro. Sie gelten übrigens nicht nur für die mit blauem Schild gekennzeichneten M-Straßen (M für *motorway* – Autobahn), sondern zuweilen auch für die grün ausgeschilderten N-Straßen (*national road* – Schnellstraße).

Ich warf einen Blick auf die Wegbeschreibung aus dem Internet. »Hier steht, dass wir in Limerick durch den Tunnel unter dem

Shannon hindurchfahren müssen. Kostet auch wieder Maut. Meinst du, wir sollten lieber den Weg durch die Stadt nehmen?«

Micha war nicht begeistert, weder von einer Fahrt durch die Stadt noch von einer weiteren Mautgebühr. Er war übermüdet von der langen Reise, aber beim Fahren ablösen lassen wollte er sich nicht. »Vielleicht sollten wir uns lieber eine Landstraße suchen. Ist weniger anstrengend.«

Wieder nahm ich die Karte zur Hand und suchte nach einem passenden Abzweig. »Das wäre ein Riesenumweg. Auf durch Limerick. Außerdem habe ich Hunger. Du nicht? Also immer dem Schild in Richtung *city centre* folgen. «

Gesagt, getan, zumal wir uns durch die vielen Kreisverkehre mittlerweile wie die alten Hasen bewegten. Bis keine *»City Centre«*-Schilder mehr zu sehen und wir tatsächlich in der City waren.

»Und jetzt, wohin?«, fragte Micha.

»Also, irgendwie müssen wir eine Brücke über den Shannon finden und dann in Richtung Ennis auf die M18. Laut Karte müssten wir dort vorne rechts.«

»Geht nicht, Einbahnstraße.«

»Dann halt dich prinzipiell gen Westen, wo die Sonne untergeht.« Ohne Stadtplan, nur mit einer Landkarte von Irland, konnte ich auch nur ungefähr sagen, wo es langging.

»Alles klar, Schatzi, wir fahren in den Sonnenuntergang«, trällerte Micha sarkastisch.

Limerick war ein Alptraum, wenn man übermüdet, hungrig und völlig überfordert von Einbahnstraßen und miserabler Ausschilderung ist – und hässlich mit all den verschandelten Straßenzügen, langweiligen Läden und den Menschen, die genauso grau wirkten wie das einsetzende Schmuddelwetter. Gefühlte Stunden später, einige Nerven ärmer und noch immer hungrig überquerten wir endlich den Shannon und waren wieder auf einer Autobahn, die nach Ennis und Galway ausgeschildert war.

Wir hatten für die erste Zeit ein B&B in Lahinch an der Westküste im County Clare gebucht. So weit, so gut. Doch als wir schließlich in dem kleinen Ort ankamen, standen wir dort erst einmal wie die Ochsen vorm Berge. Wo war denn nun das *Seaview B&B?* Eine richtige Adresse gab es nicht, und die Wegbeschreibung, die uns die Vermieterin gemailt hatte, war etwas, nun ja, unkonkret: »An den Ferienhäusern vorbei bis zum Golfplatz und über die Brücke, danach rechts und immer geradeaus, dann sieht man es schon«. Na prima.

Der Golfplatz war noch klar, aber dann kurvte die Straße mit etlichen Linksabzweigungen nur so durch die Gegend, dass wir uns irgendwann mitten in der Pampa wiederfanden. Micha schaltete den Motor aus, legte den Kopf aufs Lenkrad und stöhnte. Zum Glück marschierte just in diesem Augenblick eine Gruppe Frauen im farbenfrohen Powerwalking-Outfit vorbei. Alle sechs Damen strahlten, als ich sie fragte, ob sie wüssten, wo das Seaview B&B sei.

»Ist das nicht Mary oben aus dem gelben Haus?«

»Nee, die macht kein B&B mehr.«

»Könnte es nicht Liz sein?«

»Die wollte doch B&B anbieten, als ihr Mann arbeitslos wurde. Arme Frau, die Lage ist nicht einfach, und dann mit den Kindern.«

»Ach, ich weiß! Das ist bestimmt Maura oben am Hang. Die Straße runter, an der Ruine vorbei, und nach etwa einer Meile seid ihr an dem weißen Bungalow. Und wo kommt ihr her? Wollt ihr lange bleiben?«

Ich hatte kaum eine Chance, das Wort zu ergreifen, Micha trommelte schon nervös aufs Lenkrad, und mir taten die Wangen weh vom Zwangslächeln. Schließlich konnten wir uns loseisen, die Frauen stiefelten fröhlich weiter und unterhielten sich angeregt.

Die Ruine, eher ein paar undefinierbare Mauerreste, fanden wir schließlich, dann fuhren wir nach Tacho eine Meile (1,6 Kilometer, um genau zu sein), aber kein Bungalow in Sicht. Der tauchte erst nach etwa drei Kilometern vor uns auf, und, ja, es war besagte Maura, die uns freudestrahlend und mit Tee und Keksen begrüßte. Aber wir waren so müde, dass wir uns erst einmal aufs Bett hauten und daher auch nicht merkten, dass das *Seaview B&B* gar keinen Meerblick hat.

Hinter dem Hügel das zweite Haus rechts in *Ballygobackwards*

Wer in Irland lebt und seine Adresse mitzuteilen hat, verdreht bei der unvermeidlichen Frage aus dem Ausland automatisch die Augen und gibt die Standardantwort: Nein, es gibt in Irland keine Postleitzahlen, danke, wir kommen auch so zurecht. Komplizierter wird es da schon, wenn man online einkauft und seine Adresse in vorgefertigte Masken eintragen muss. Wo die Postleitzahl gefragt ist, wird der Ire erfinderisch und notiert irgendeine Ziffer.

Irland ist wohl das einzige Land der westlichen Welt, das – bislang – ohne Postleitzahlen zurechtkommt. Auch ohne Straßennamen und Hausnummern, jedenfalls auf dem Land und in den Dörfern. Selbst in Städten ist die Ausschilderung der Straßennamen nicht immer schlüssig oder sichtbar, von Hausnummern ganz zu schweigen. Einzige Ausnahme ist Dublin, wo die Postleitzahlen 1917 von den Briten eingeführt und seither erweitert wurden. Der Rest des Landes bleibt der Findigkeit der bewundernswerten Postboten überlassen.

Eine typische Anschrift im dörflichen Irland lautet in etwa: Mary McMurphy, Hillview Cottage, Carrigfeckin, Ballygobackwards, County Clare, Ireland. Das wäre in etwa so wie: Lieschen Müller, Tannenhof, Hinter den Eichen, Deppenhausen, Landkreis Hintertupfingen. Die Häuser erhalten Fantasienamen, und wenn sie keinen haben, reicht auch die Nennung des Adressaten, den sowieso jeder in Dorf und Umgebung kennt. Dann folgt der Ortsteil bzw. der alte Flurname, der nirgends ausgeschildert ist. Den kennen nur die Einheimischen. Schließlich der Ort und zuletzt das County, die Grafschaft. Klappt übrigens prima.

Kommentar von: Tina

Gratuliere zur Ankunft im irren Irland!

An die (nicht vorhandene) Ausschilderung werdet ihr euch bestimmt schnell gewöhnen, und für den Anfang ist die Benutzung eines Navis vielleicht doch nicht so verkehrt – falls das verquere irische Straßennetz überhaupt gut genug kartografiert ist. Die Sache ist nämlich die: Irland besteht, abgesehen von den Städten, aus lauter kleinen Dörfern und Streusiedlungen, die seit Jahrhunderten über Trampelpfade, Viehwege und dergleichen miteinander verbunden sind. Viele davon haben sich im Lauf der Zeit zu Straßen »entwickelt«, manche wurden für den Autoverkehr asphaltiert, andere blieben Holperpisten, dienen aber immer noch als Verbindungswege zwischen Siedlungen und Höfen. Schaut mal auf einer der *OSI*-Karten nach, da führen Straßen kreuz und quer und buchstäblich querfeldein durchs Land. Die alle ordentlich auszuschildern, wäre nicht nur eine Heidenarbeit und viel zu teuer, sondern auch total überflüssig. Die Sträßchen werden ja nicht von den Touristen, sondern von den Einheimischen genutzt, und die kennen jeden Feldweg.

Deswegen braucht ihr euch auch nicht zu wundern, wenn die Wegbeschreibungen für Fremde etwas befremdlich erscheinen. Was? Ihr wisst nicht, wo Mary wohnt? Oder wo damals John seine Kuh verloren hat? *Too bad.* Aber nach einer Weile werdet ihr das schon mitkriegen.

Kommentar von: Shane

Meckert mir bloß nicht über die Autofahrkünste meiner Landsleute! Wir sehen das mit den Verkehrsregeln nicht so eng – das war es doch, was ihr wolltet, oder? Abgesehen davon sind wir richtige Fahrkünstler. Wir brauchen noch nicht einmal einen Blinker. Schließlich fahren wir ja schon seit dem Teenageralter, Daddy oder der große Bruder hat uns das Fahren beigebracht, wozu braucht man da eine Fahrschule. Prüfung gemacht und Lappen erhalten, ohne diesen ganzen Klimbim wie in Deutschland.

Wir halten uns übrigens durchaus an Verkehrsregeln. Also manchmal. Wenn ein Feldweg mit 80 km/h Höchstgeschwindigkeit ausgeschildert ist, dann brettern wir auch mit 80 km/h drüber. Steht doch da. Und wenn wir ganz langsam fahren, dann meist, weil wir gerade aus dem Pub kommen oder weil wir ein wichtiges Gespräch am Handy haben. Darüber, wo wir gerade sind, oder einfach nur, weil wir schon seit zwei Stunden nichts mehr von wem auch immer gehört haben. Die Autofahrer mit einer Hand am Ohr haben also keine Ohrenschmerzen ... Übrigens: Telefonieren beim Autofahren ohne Freisprechanlage ist auch bei uns verboten.

Ihr habt also gleich Bekanntschaft mit der irischen Redefreudigkeit gemacht? Wenn mindestens zwei Irinnen zusammentreffen (sorry, Mädels, nichts für ungut), gibt es immer was zu erzählen, und wenn es eine ganze Gruppe ist, dann wird gequatscht, was das Zeug hält. Kein Wunder, dass wir Mannsvolk gerne im Pub sitzen und mal ganz ungestört in unser Bier starren wollen.

Zwei ahnungslose und hilflose Touristen sind da natürlich ein gefundenes Fressen. Natürlich wollen alle ihnen weiterhelfen. Wirklich! Aber es ist auch eine herrliche Gelegenheit für neuen Gesprächsstoff, ob das die besagten Touristen betrifft oder nicht. Ihr wart nur Anlass. Wahrscheinlich war der Rest des Wegs der Damengruppe davon beseelt, über Liz, Mary oder Maura zu tratschen, den arbeitslosen Ehemann, das dünne Touristengeschäft für B&Bs, die wirtschaftliche Lage schlechthin, der Jammer der irischen Auswanderung, wie schlimm es früher war, über die Große Hungersnot und was es zum Abendessen geben wird.

Also, immer schön weiterlächeln und nicken. Eine gerade Antwort auf eine gerade Frage gibt es nicht. So viel Zeit muss sein, auch wenn ihr zunächst keine Ahnung habt, worum es eigentlich geht. Das macht schließlich das soziale Leben in Irland aus.

2 Bier, Musik und das große Schweigen

Micha schreibt:

Die ganze Fahrt von Berlin nach Lahinch habe ich mich auf mein erstes echtes Guinness nach Jahren gefreut. Also nicht das, was wir in Irish Pubs in Deutschland serviert bekommen, sondern ein originales, richtig gezapftes Bierchen in einem echten Landpub mit Musik und allem Drum und Dran. Unsere nette Vermieterin Maura und ihr Mann Seamus sagten uns an unserem zweiten Abend, dass es eine *session* im Pub gebe, irische Livemusik also. Klar mussten wir hin. Gegen 22 Uhr sollte es losgehen. Ziemlich spät, fanden wir. Deswegen machten wir uns gleich nach dem Abendessen auf den Weg.

Der Pub war noch ziemlich leer, aber dafür konnten wir eine schöne Eckbank ergattern, von wo aus wir das ganze Lokal im Blick hatten. Viel war allerdings nicht zu überblicken. Die Kneipe war dunkel und winzig: hinten eine Bar mit maximal fünf Barhockern, drei Tische mit kleinen Hockern und unsere Eckbank mit zwei kleinen runden Tischen davor. An den Holzwänden hingen Fotos von Musikern, alte Bierplakate und irgendwelcher Krimskrams. Hinter der Bar stapelten sich auf den schon etwas altersschwachen Holzregalen diverse Alkoholika zwischen angestaubten Bierflaschen, die äußerst historisch aussahen. Urgemütlich also.

Jo winkte dem ältlichen bebrillten Mann hinter der Bar zu, um zu bestellen. Der nickte nur kurz und widmete sich wieder seinen Zapfhähnen.

»Wieso kommt der nicht, um unsere Bestellung aufzunehmen?«, fragte sie. *»Hello!«* Sie winkte gleich noch einmal.

Der Mann sah sie erstaunt an.

»Keine Ahnung, vielleicht ist die Tischbedienung gerade auf dem Klo?«

Mir dauerte das zu lange, also bestellte ich an der Theke: *»Two glasses of Guinness, please.«*

Der Barmann nickte und begann, zwei kleine Gläser zu füllen. Ähm, dachte ich, eigentlich wollte ich doch ein richtiges großes Glas. Na ja, das nächste Mal würde ich eben *»Two big glasses of Guinness, please«* sagen.

Nach und nach tröpfelten Gäste ein, meist ältere Leute, manche noch in Gummistiefeln, als wären sie frisch vom Feld gekommen, ein paar Dorfjugendliche in ihren besten Jeans und T-Shirts und schließlich ein Truppe Männer, die mit Geigen-, Gitarren- und sonstigen Instrumentenkästen schnurstracks auf uns zu kamen und uns freundlich anlächelten.

Wir lächelten zurück. Als wir begriffen, dass sie sich zu uns setzen wollten, rutschen wir flugs ein Stück auf der Bank zur Seite. Einige nahmen Platz und packten ihre Musikinstrumente aus. Einer der Musiker neigte sich zu uns herab und sagte: »Könnt ihr euch bitte woanders hinsetzen?«

Jo guckte ihn nur groß an. »Wieso denn?«

Ehe wir's uns versahen, kam der Barmann herüber. »Das ist die Musikerecke«, sagte er freundlich. »Ihr seid neu hier?«

Oh Mann, war mir das peinlich. Schnell nahmen wir unsere Gläser und Jacken und schauten uns um. Der Pub jetzt voll besetzt. Also stellten wir uns an die ohnehin dicht besiedelte Bar.

»Das halte ich nicht den ganzen Abend aus«, flüsterte Jo und zeigte auf ihre hochhackigen Stiefel. »Wenn ein Stuhl frei wird, sag Bescheid.«

Ich fand's gut an der Theke, näher am Bier. Die Musik setzte ein, ein fröhliches schnelles Stück, das alle mitriss, die Leute quatschten immer lauter, manche machten Tanzschritte. Jo vergaß ihre hohen Absätze, wippte im Takt und quasselte munter drauflos, mit allen, die um sie herumstanden. Kaum hatten wir unser Bier ausgetrunken, stand schon ein neues vor uns, und zwar in großen Gläsern. Und kaum hatten wir das Nächste ausgetrunken ... Unauffällig lugte ich in mein Portemonnaie.

Plötzlich wurde es ganz still im Raum, auch die Instrumente schwiegen. Nur Jo plapperte weiter.

»Psst!«, zischte es hier und da.

Jo, natürlich voll in Schwung, redete einfach weiter, bis sie schließlich meinen Ellbogen in ihren Rippen spürte. »Klappe halten, Johanna«. Sie hört auf Johanna.

Ein alter Mann mit sehr roten Wangen, schwarz gefärbtem Haar und triefenden Augen stand mitten im Raum und sang ein trauriges Lied. Seine Stimme war schon etwas brüchig, auch der eine oder andere Ton ging leicht daneben, aber er sang mit solcher Inbrunst von verlorener Liebe, verlorener Freiheit (oder von verlorenen Kühen?), dass es einfach herzergreifend war. Alle lauschten ergriffen. Nur Jo versuchte immer wieder, ihren Mund aufzumachen, was ich mit leichten Tritten gegen ihre hohen Hacken gerade noch verhindern konnte. Jo wurde ganz rot im Gesicht und presste die Lippen zusammen. Als der alte Mann mit seinem Lied zu Ende war, gab es tosenden Beifall.

»*Another one, Brendan!*«, rief jemand von hinten.

»*Yeah, go on, Brendan!*«, riefen andere.

»Hoffentlich nicht«, flüsterte Jo mir zu.

Last orders!

Pubs haben wie fast alle Gastbetriebe in Irland gesetzlich festgelegte Öffnungszeiten: montags bis mittwochs von 10.30 bis 23.30 Uhr, donnerstags bis samstags bis 0.30 Uhr, sonntags bis 23 Uhr. In Nordirland montags bis samstags von 11.30 bis 23 Uhr, sonntags von 12.30 bis 22 Uhr. Ausnahme bilden Pubs mit Unterhaltung, die fürs Wochenende oder für Festivals eine *late licence* besitzen, also eine Genehmigung für längere Öffnungszeiten.

Die Schließzeiten bedeuten, dass die Gäste bis zu diesem Zeitpunkt ihre letzte Bestellung, *last order,* aufgeben können und danach noch eine halbe Stunde Zeit zum Austrinken haben. Das führt dazu, dass schnell noch Getränke bestellt werden, obwohl manch einer noch ein volles Glas vor sich hat. Eine Art Torschlusspanik, auf dem Trockenen zu sitzen, die rasches Herunterstürzen der Getränke nach sich zieht. In ländlichen Pubs wird diese halbe Stunde oft nicht so genau eingehalten. Zeit ist dehnbar.

Kommentar von: Tom

Micha, alter Junge. Kannst du dich nicht mehr erinnern, wie wir damals selbst durch die Pubs gezogen sind? Das mag zwar über fünfzehn Jahre her sein, aber dass ein *glass of Guinness* ein Damenschlückchen ist, weißt du wohl noch? Doch, wirklich,

Damenschlückchen! Ein *pint of Guinness* war immer was für Männer, Damen tranken Gin Tonic oder Baileys oder Orangensaft im Pub. Wenn sie aber doch Guinness oder sonst ein Bier bestellten, dann nur im »Glas«, also als halbes Pint.

Kommentar von: Tina

Hey Jungs, auch Frauen trinken mittlerweile Pints. Und das ist völlig akzeptiert. Na gut, nicht unter den alten Mackern auf dem Land, die immer noch glauben, dass »damenhaft« etwas mit Zurückhaltung zu tun hat. Aber die sind die Ersten, die einer attraktiven Frau sofort ein Pint bestellen, wenn sie eine Chance sehen. Chance – haha.

Also, Jo, pass auf, wenn die alten Kerle dir Pints ausgeben, da ist nichts mehr mit »damenhaft«!

Kommentar von: Shane

Ich erinnere mich noch gut, dass ich mich im Pub in Deutschland erst umstellen musste, dass es dort Tischbedienung gibt und die Leute zum Schluss zahlen, nicht bei jeder Runde. In Irland bestellt man an der Theke, zahlt sofort und in Gesellschaft immer in Runden, nicht einzeln. Das kann natürlich dazu führen, dass man den Überblick verliert, nicht nur hinsichtlich der getrunkenen Menge, sondern auch finanziell. Das lässt sich jedoch kontrollieren – falls man dazu noch in der Lage ist –, nämlich indem man dankend, aber nachdrücklich ablehnt, wenn die nächste Runde bestellt wird. Dann wird auch nicht erwartet, dass man selbst jeweils eine Runde zahlen muss.

Was ihr aber in den ländlichen Pubs wirklich beachten müsst, ist der Respekt vor Musikern. Zum einen gibt es immer eine vorbestimmte Ecke für die Leute. Kein Gast würde sich jemals dorthin setzen. Gut, das mag für Neulinge nicht unbedingt ersichtlich sein, es steht ja auch nirgends ein »Reserviert«-Schild. Musiker haben jedoch immer einen hohen Stellenwert. Die Kerntruppe wird meist vom Wirt bezahlt, wenn auch mickrig. Gäste sorgen für deren Getränke und auf jeden Fall dafür, dass sie genug Raum haben. Ahnungslose Touristen, die in der Musikerecke sitzen bleiben, werden freundlich, aber gnadenlos verjagt. Das habt ihr ja am eigenen Leibe erfahren.

Zum anderen: *Sean Nós*. Das ist der traditionelle Sologesang oder -tanz, der absolute Ruhe und Wertschätzung verlangt, auch wenn der jeweilige Solist weder singen noch tanzen kann. Jedes Bemühen wird geschätzt, gekichert wird bestenfalls im Keller.

Stellt euch vor, du, Micha oder Jo, würdest aufgefordert, auch einen Beitrag zur musikalischen Unterhaltung zu leisten. »Singt mal was Deutsches«, heißt es oft. Doch wirklich, wir Iren sind interessiert an anderen musikalischen Traditionen. Jetzt stelle ich mir Jo vor, die eigentlich ganz gut Joni Mitchell nachahmen kann. Die ist zwar nicht deutsch, aber egal. Und auch wenn Jo die Noten nicht ganz so trifft, wären alle ruhig und würden ihr höflich zuhören und klatschen. Was sich bestimmt besser anfühlt, als belächelt oder gar ausgelacht zu werden. Noch lustiger stelle ich mir allerdings vor, wenn Micha nach etlichen Bierchen mal wieder Luftgitarre spielen würde.

Auf den Knien. In Berlin würden sich alle vor Lachen kringeln, in Irland würden alle den Mut bewundern und klatschen. Na gut, wir kringeln uns dann hinterher, wenn's keiner sieht.

Denn: Wir Iren sind alle Künstler. Welcher Qualität auch immer. Hauptsache gutes Entertainment!

The black stuff – und andere Getränke

Das beliebteste Getränk in irischen Pubs ist natürlich Bier, v.a. das weltberühmte Guinness, *the black stuff,* wie es vertraulich genannt wird. Das *porter,* wie das schwarze Bier mit dem typischen cremigen Schaum auch heißt, ist aber nicht das einzige *stout* (schwarzes Starkbier), das ausgeschenkt wird. Im County Cork z. B. werden die einheimischen *stouts Beamish* und *Murphy's* bevorzugt.

Rötlich braun ist das leicht süßlich schmeckende Bier *Smithwick's* (sprich: Smitticks), das früher unter dem Namen *Kilkenny* ausschließlich exportiert wurde. Heute gibt es auch ein *Kilkenny* für den irischen Markt, das herber und alkoholreicher als *Smithwick's* ist. Zu den einheimischen blonden Bieren, *lager* genannt, gehört u.a. die Marke *Harp.* Daneben werden zahlreiche Importbiere u.a. aus den USA, den Niederlanden, Frankreich und Deutschland angeboten, die nicht gezapft, sondern in Flaschen verkauft werden.

Ein erfrischendes, wenn auch nicht gerade schwach alkoholisches Getränk ist *cider,* der aus Äpfeln gebraut wird und in der Regel 4,5 bis zu 8 Prozent Alkoholgehalt hat. *Bulmers* ist die am weitesten verbreitete Marke, die in Pubs auch vom Fass kommt.

Berühmt ist natürlich der irische Whiskey, der einzige, der mit e geschrieben wird. Er ist milder als der schottische oder amerikanische Whisky. Zu den gängigsten Whiskeysorten zählen *Jameson, Paddy* und *Bushmills.* Beliebt besonders bei älteren Menschen ist der sahnige Whiskeylikör *Baileys,* und Frauen bestellen im Pub auch gerne mal einen Gin Tonic.

3 Traumhaus mit Hindernissen

Jo schreibt:

Jetzt wurde es langsam Zeit. Wir konnten ja nicht ewig im B&B hausen. Also machten wir uns auf die Suche nach einem Traumhäuschen im Grünen mit allem modernen Komfort für möglichst wenig Geld ...

Wir hatten uns auf den hiesigen Immobilienwebsites nach Häusern zum Mieten umgeschaut und das eine oder andere Objekt gesichtet, das unseren Erwartungen entsprach. Besonders ein Cottage hatte es uns angetan: Es war zwar klein, aber absolut reizend, hatte einen großen Garten – und Meerblick. Telefonisch vereinbarten wir einen Termin mit dem Makler, der einen Treffpunkt in Lahinch vorschlug, da das Haus schwer zu finden sei.

Am vereinbarten Standort hätten wir ihn beinahe übersehen: ein schmales Kerlchen in Jeans und kariertem Hemd, mit grauschwarzem Bart, sehr hoher Stirn und roter Nase – nicht gerade der typische Makler mit Schlips und Kragen.

»Ah, ihr seid die Deutschen!«, rief er uns freudestrahlend zu. »Ich bin Jim. Da habt ihr euch wirklich eine herrliche Immobilie ausgesucht. Romantisch, erstklassige Lage, ruhig.« Jetzt klang er schon mehr nach Makler. »Ein Traum für Menschen, die sich ihr eigenes Nest bauen wollen. Folgt meinem Auto!«

Bauen? Micha schaute mich perplex an. Daran hatten wir eigentlich nicht gedacht. Na, vielleicht meinte er das metaphorisch.

Nach einigen Kurven und rumpeligen Feldwegen hielten wir vor einem kleinen Häuschen.

»Ist das schön«, sagte ich zu Micha und ließ meinen Blick über die Landschaft schweifen. »Guck mal, das Meer! Und gleich ein Strand da hinten. Und da vorne grasen Kühe.«

»Hm«, meinte Micha. »Guck mal die Fenster. Die sind ja halb verrottet.«

Jim winkte uns fröhlich mit dem Schlüsselbund zur Haustür. Von Nahem sah das Haus tatsächlich etwas, na ja, reparaturbedürftig aus. Aber die Lage!

Kaum hatte ich einen Fuß über die Türschwelle gesetzt, fiel mir die Kinnlade herunter. Wände, von denen der Putz blätterte, eine Küche ohne Spüle mit nur einem uralten Herd, Stromleitungen über Putz. Die reinste Bruchbude. Micha zog die Augenbraue hoch.

Doch Jim verlor nichts von seinem Enthusiasmus. »Ein bisschen Farbe, und das Haus sieht aus wie neu«, strahlte er. »Und schaut mal aus dem Panoramafenster, man kann fast die Cliffs of Moher sehen!«

Panoramafenster? Das war ein größeres Badezimmerfenster, wohlwollend bezeichnet.

»Und wo ist das Bad?«, fragte Micha nun schon etwas verkniffen.

»Ah, das Bad!« Jim wuselte weiter. »Das ist ganz traditionell, typisch irisch, wie zu alten Zeiten. Herrlich romantisch für ein junges deutsches Paar, wie ihr es seid.«

»Traditionell«, meinte Micha nur trocken angesichts der winzigen Nasszelle aus Plastik mit reichlich Schimmel an den Abdichtungen – und ohne Toilette.

Mir blieb die Spucke weg. »Und das Klo?«, fragte ich. »Auch traditionell auf einem Balken hinten im Hof?«

»Aber die Lage!«, rief Jim und ignorierte meine Frage. »Der Blick! Und der Preis ist unschlagbar.«

»Sorry«, sagte Micha schließlich. »Romantik ist ja gut und schön, aber wir wollen nicht den ganzen Tag am Fenster stehen und die Aussicht genießen. Aber danke für die Mühe, Jim.«

»Wartet! Ich habe noch ein anderes Objekt mit Meerblick. Etwas teurer zwar, aber auch mit deutlich mehr Komfort. Nicht ganz so privat gelegen, aber auch nicht viele Nachbarn. Schön ruhig. Folgt mir!« Schwungvoll sprang er hinters Steuer.

»Deutlich mehr Komfort«, murmelte Micha. »Wenn *deutlich* mehr Komfort heißt, dass der Donnerbalken gepolstert ist oder dass es überhaupt einen gibt, dann kann ich gut verzichten.«

»Ach, komm«, meinte ich. »Vielleicht hat er ja wirklich noch was Schönes in der Hinterhand. Fahr los.«

Nach einigen gewundenen Straßen südwärts die Küste entlang und dann wieder ein ganzes Stück landeinwärts kam eine Siedlung mit immer gleichen modernen Häusern in Sicht. In so einer Siedlung wollten wir eigentlich nicht leben, aber Gucken kostet ja nichts. Es war in der Tat sehr ruhig, kaum ein Mensch zu sehen, und einige Häuser waren auch noch nicht fertig gebaut. Hier und da lagen Rohre herum, und die Gärten waren allesamt Brachland. Das roch geradezu nach zukünftigem Baulärm.

Jim lotste uns bis zum Ende der Siedlung, sprang aus dem Wagen und lief voraus zu einem der Einheitshäuser. »Alles feinste Materialien«, schwärmte er, »moderne Einbauküche, drei Schlafzimmer, zwei luxuriöse Bäder, Ölzentralheizung und voll eingerichtet.«

Voll eingerichtet? Vor uns standen ein paar lumpige Möbelstücke, als hätte sie jemand beim überstürzten Auszug vergessen. Und wo war der Meerblick? Jim führte uns in die obere Etage, wo uns blitzende Edelstahlarmaturen in beige gefliesten Bädern erwarteten.

In einem der kleineren Schlafzimmer wies er aus dem Fenster. »Da hinten schimmert es meerblau. Schaut!«

Der kleine Poet, dachte ich und verrenkte mir den Hals. Ja, ganz hinten war so etwas wie ein grauer Streifen zu erahnen, den man mit viel gutem Willen für Meer halten könnte. Vielleicht war es aber auch nur ein Stück Nebel.

»Wird hier eigentlich noch viel gebaut?«, fragte ich schließlich.

»Äh, nein«, meinte Jim und klang verlegen. »Der Bauherr ist pleite gegangen, das ganze Projekt wurde gestoppt. Aber dafür ist das Haus erschwinglich. Ist es nicht schön?« Er wirbelte herum, als würde er uns ein Märchenschloss vorführen.

»Das heißt, die Halbruinen bleiben so stehen?«, fragte Micha. »Das ist ja wie Leben in einer Abbruchsiedlung!«

»Aber dafür ist es schön ruhig, kaum Nachbarn. Genau das, was ihr sucht«, lächelte Jim.

»Wie, kaum Nachbarn?«, fragte ich ihn fassungslos. »Soll das heißen, dass wir hier wie in einem Geisterdorf leben würden?

Wie steht es denn überhaupt mit der Versorgung? Strom, Wasser, Internet?«

»Nun ja«, meinte Jim mit bedauerndem Lächeln. »Das müsste natürlich von euch beantragt werden. Aber das ist überhaupt kein Problem! Ihr könnt euch mit den Nachbarn zusammentun.«

»Wie viele Nachbarn gibt es denn?», fragte Micha.

»Hm, soviel ich weiß, lebt da hinten noch ein junges Paar. Bestimmt nette Leute.«

»In einer halbfertigen Siedlung von etwa 20 Häusern lebt nur ein einziges Paar?« Ich war schockiert.

»Na, mit euch wären es dann zwei Paare. Gut, nicht? Es geht aufwärts!«

Mir war das zu unheimlich. »Nee, danke, Jim. Wirklich, sehr nett. Aber so will ich nicht leben. Wir suchen weiter. Komm, Micha.«

»Dann folgt mir noch mal!» Jim blieb unerschütterlich. »Ich habe da ein echtes Traumhaus für euch.«

Micha verdrehte die Augen. Mir war es egal. Wir konnten uns genauso gut noch ein Haus anschauen. Wie heißt es so schön: Die Hoffnung stirbt zuletzt.

Diesmal hatte Jim recht. Das Haus war tatsächlich ein Traum: perfekte Lage mitten in der Natur, wenn auch nicht direkt am Meer, geschmackvoll eingerichtet (also jedenfalls mit kleinem Aufwand verbesserbar), vier geräumige Schlafzimmer mit sage und schreibe drei Bädern und eine riesige, voll ausgestattete Küche. Und Internetanschluss. Hart an der Grenze dessen, was wir uns leisten konnten. Aber toll!

Micha und ich nickten uns begeistert zu.

»Es gefällt euch?« Jim schien erleichtert. »Über den Preis können wir mit dem Privatvermieter noch verhandeln. Der ist froh, wenn jemand drin wohnt, bis es verkauft ist.«

»Moment mal«, meinte Micha. »Es steht zum Verkauf? Soll das heißen, dass wir jederzeit rausgeschmissen werden könnten?«

»Nun ja.« Jim kratzte sich sichtlich verlegen am Bart. »Kann schon passieren. Aber keine Sorge. Bis hier ein Haus verkauft wird, das kann dauern.«

Ich war enttäuscht. »Ich richte mich doch nicht gemütlich ein, um dann gleich wieder nach einem neuen Haus zu suchen! Tut mir leid, Jim. Das geht nicht.«

Micha nickte entschlossen, und wir marschierten zum Auto.

»Wartet! Ich hätte da noch ein Objekt für euch! Nein, wirklich, es ist supertoll, keine Probleme ... So wartet doch! Hey!«

Ghost estates – Geistersiedlungen im Nirgendwo

Wer übers Land fährt, wird egal wo, wenn auch am häufigsten im Dubliner Speckgürtel, immer wieder an Siedlungen vorbeikommen, die scheinbar wie Bauklötze in die Landschaft geworfen wurden. Sie haben oft keinen Anschluss an irgendwelche Infrastruktur, wirken verlassen und völlig fehl am Platz. Sie sind die Folge des Booms und der grenzenlosen Korruption zwischen den Amigos in Politik und Bauwirtschaft.

Der Wirtschaftsboom Irlands basierte u.a. auf dem illusionären Wert von Immobilien. Immer höher sollten die Preise steigen, durch viel heiße Luft hochgeschaukelt und durch gierige Banken und leichtfertig vergebene und oft viel zu großzügige Hypotheken scheinbar erschwinglich gemacht. (Hypotheken von bis zu 110 Prozent gab es auf der Höhe des Booms.) Bauunternehmer rochen Profit und bauten, wo sie nur konnten, oft buchstäblich in der

Pampa und mit Baugenehmigungen für eigentlich nicht bebauungsfähiges Land, die per Handschlag und Bestechung erworben wurden.

Dann platzte die Blase, Bauunternehmer gingen pleite, Banken wurden mit Hängen und Würgen staatlich gerettet und vergaben sicherheitshalber kaum noch Hypotheken, ganz abgesehen davon, dass sich kaum noch jemand ein Haus leisten konnte. Doch nicht nur Siedlungen stehen leer, auch einzelne Prachtvillen oder Zweithäuser, die im Größenwahn gebaut wurden, nun seit Jahren zum Verkauf stehen und immer mehr an Wert verlieren.

Kommentar von: Tina

Habe ich dir nicht von meiner Wohnungssuche damals in Dublin und Limerick erzählt? Was vermietet wird, ist entweder Luxus, den sich bei kleinem Gehalt niemand leisten kann, oder es sind absolute Bruchbuden. Und wenn schon ganze Häuser für wenig Geld, dann in Gegenden, wo ich noch nicht mal wagen würde, den Müll ohne Bodyguards rauszubringen.

Alle Welt riet mir damals, mir ein Haus zu kaufen, weil die Hypothekenzahlung billiger käme als die Mietzahlung. Miete sei »verschenktes Geld«. Bin ich froh, dass ich das nie gemacht habe! Vor allem wenn ich an all die Leute denke, die ihren Job verloren haben und die Hypothek nicht mehr abzahlen können. Wenigstens konnte ich wieder nach Deutschland zurückkehren.

Macht euch darauf gefasst, dass ihr zu 99 Prozent nur Schrott angeboten bekommt oder unbezahlbaren, aber dafür geschmacklosen Luxus. Um eine wirklich gute Bleibe zu finden, müsst ihr einiges an Ausdauer mitbringen oder sogar mehrmals umziehen.

Kommentar von: Shane

Langsam, Tina, so einfach ist das nicht. Klar kriegst du als Mieter in Irland eine Menge Schrott angeboten, aber das hat viele Gründe. Ein Grund ist sicherlich, dass Mieten seit der Unabhängigkeit von 1921 als nicht gerade erstrebenswert gilt. Zu lange waren wir Iren einfach nur »Mieter« in unserem eigenen Land, die Briten die Land- und Hausbesitzer. Jetzt wollen wir alle unseren eigenen Grund und Boden besitzen, um jeden Preis und je größer, desto besser. So läuft das in einer ehemaligen Kolonie.

Viele Iren haben Häuser geerbt oder während des Booms als Investition gekauft, um durch die Mieteinnahmen zu Geld zu kommen. Das betrifft Omis Erbstück-Cottage ebenso wie irgendeine schnell hochgezogene Immobilie. Die Mieter sind meistens keine Langzeitmieter, die sich um ihr Heim kümmern, sondern sehr junge Leute, also Studenten oder Angehörige anderer Ausbildungsberufe, oder sehr arme Leute wie Sozialhilfeempfänger. Und die geben sich keinerlei Mühe in einem gemieteten Haus – oder können es finanziell nicht –, wenn sie dort sowieso nur zeitweilig bleiben und kaum Rechte haben. Also geben sich Vermieter auf der anderen Seite auch keine Mühe, ein Haus teuer auszustatten. Weswegen fast alle Häuser möbliert vermietet werden, und das meistens mit dem billigsten Kram. Sehr praktisch für die mobile Gesellschaft, aber nichts für Ästheten.

Die alten »romantischen« Cottages auf dem Land hingegen, die kein Ire, der etwas auf sich hält, jemals bewohnen würde, sind beliebte Objekte für Ausländer mit einem idealistischen

Hang zum sogenannten einfachen Leben, die glauben, dass wahre Zivilisationsflucht so funktioniert. Was sich jedoch meist als Illusion der Mieter oder Käufer und mehr noch der Makler entpuppt. Ein Außenklo ist selbst mit Samtpolsterung nicht mehr loszukriegen. Aber versuchen kann man es ja ...

Der Mieter und seine (wenigen) Rechte

Wer aus Deutschland nach Irland kommt und glaubt, dass die Anmietung einer Wohnung oder eines Hauses eine gewohnt langfristige Angelegenheit mit vielen vertraglich fixierten Rechten ist, täuscht sich gewaltig. Als Mieter steht man hier ziemlich blank da.

Etwa 80 bis 90 Prozent des Immobilienmarktes besteht aus Häusern in Privatbesitz, rund 70 Prozent aller irischen Haushalte sind *owner-/occupier*-Haushalte, Menschen also, die ihr eigenes Haus bewohnen. Das hat Tradition in einem Land, das erst seit knapp 100 Jahren unabhängig ist und für das der eigene Grund und Boden, und sei es auch noch so eine kleine Bude, lebenswichtig ist.

Der überwiegende Teil aller Mietimmobilien wird privat vermietet, in der Regel wirklich privat, d.h. unter der Hand, obwohl Vermieter sich anmelden und Steuern zahlen müssten. Aber das ist Irland, also tut das kaum jemand.

Es gibt einige wenige Rechte für Mieter, die einklagbar sind, aber eben nur, wenn der Vermieter offiziell als solcher registriert ist und sich der Mieter ein *rent book* besorgt, ein Heft, in dem alle Daten, Zahlungen und Verpflichtungen aufgeführt sind und das in jedem Schreibwarenladen erhältlich ist. Wer aber privat mietet, ist mehr oder weniger auf die Laune des Vermieters angewiesen und wird keine Ahnung haben, dass es überhaupt ein *rent book* gibt.

An die wenigen Pflichten hält sich ohnehin kaum ein Vermieter. Gesetzlich vorgeschriebene Reparaturen werden irgendwann »demnächst«, meist nie, durchgeführt. Dafür schaut so mancher Vermieter gerne mal spontan mit eigenem Schlüssel nach, was die Mieter so treiben. Das ist offiziell illegal, aber »illegal« ist ein weiter Begriff in Irland.

4 Klopapier für Irland: Unsere irische WG

Jo schreibt:

Das mit der Haussuche auf dem Land hat ja bislang noch nicht so recht geklappt. Selbst nach weiteren Besichtigungen war nie das Richtige dabei gewesen. Also beschlossen wir, uns erst einmal ein Zimmer in einer WG zu suchen, was zweifellos billiger ist, als in einem B&B oder Hostel zu wohnen. Die Websites für *housesharing* hatten eine Menge Angebote, leider nur in größeren Städten. Also konzentrierten wir uns auf Ennis, mit rund 20.000 Einwohnern der größte Ort, den wir uns zumuten wollten.

Irgendwie stellte ich mir die WG-Besichtigungen vor wie zu meiner Studentenzeit in Berlin: Man sitzt gemeinsam in der Küche, redet miteinander, um sich kennenzulernen (oder wird von WG-Stasis gegrillt), sieht sich die Wohnung und das entsprechende Zimmer an und »hört dann voneinander«.

Unser erster Termin war in einer Haus-WG recht dicht am Stadtzentrum: Wohnzimmer, Küche, Bad, vier Schlafzimmer mit kleinem Garten, drei junge Männer, die alle berufstätig und den ganzen Tag außer Haus waren. Und vermutlich abends auch, da anscheinend Single.

Einer der Jungs, der uns an der Tür begrüßte, war wirklich niedlich, strahlte und freute sich über ein deutsches Paar: »Ich bin Ricky. Cool, Deutsche sind ja immer ordentlich, hallo *hausfrau!* Haha!«

Hausfrau? Ist das ein irischer Begriff für deutsche Frauen, die ihnen die Putzarbeit abnehmen? Hallo Macho, oder was?

Ohne Umstände führte uns Ricky durch das Haus. »Hier ist unsere *recreation area.*« Er schlug Micha auf die Schulter und lachte.

Ich nicht. Der »Freizeitbereich« war das Wohnzimmer mit einem riesigen Flachbildschirm an der Wand, einem versifften Sofa, alten Pizzaschachteln auf dem verfleckten Sofatisch und Bierdosen dekorativ auf dem flusigen Boden verteilt.

Micha, ganz Kumpel: »Könnte man was draus machen.«

Was draus machen? Ich mache nicht – was auch immer!

»Und das ist euer Zimmer«, meinte *charming* Ricky auf dem Weg nach oben. »Müsste noch ausgeräumt werden. Der frühere Bewohner kam nicht dazu, seinen Krempel abzuholen.«

»Die nächsten Bewohner kommen auch nicht dazu, diesen Dreck auszuräumen«, flüsterte ich Micha auf Deutsch zu. Laut sagte ich: »Ricky, das ist sehr lieb von dir. Aber ich denke, wir schauen uns noch ein paar andere WGs an.«

»Kein Problem, cool. Ruft an.« Dann neigte er sich mir flüsternd und mit einem Augenzwinkern zu. »Jederzeit ...«

Micha grinste nur vielsagend.

Nächster Tag, nächste Adresse. Diesmal eine alleinstehende berufstätige Frau, die laut Anzeige ihr Haus mit netten Leuten teilen wollte. Das neu gebaute Einfamilienhaus am Stadtrand von Ennis sah auf den Fotos ungemein gepflegt und großzügig aus, also reichlich Platz, zumal angekündigt mit vier Schlafzimmern, zwei mit eigenem Bad.

Eine gepflegte Frau mittleren Alters im Hosenanzug öffnete uns die Haustür mit einem dezenten Lächeln. »Willkommen in meinem Palast. Kommt rein.«

Micha und ich schauten uns erleichtert an. Definitiv keine Chaotenwohnung. Das Haus war nahezu obsessiv aufgeräumt. Nichts lag herum, es gab kaum Möbel, keine Bilder an der Wand und absolut nirgends Bücher. Minimalismus? Soll ja angesagt sein.

Die Dame, anders kann ich sie nicht bezeichnen, führte uns herum. »Ich habe mir das Haus vor ein paar Jahren gekauft, aber die Hypothek bringt mich noch um.« Sie strich sich die blond gesträhnten Haare aus den Augen. »Ein deutsches Paar wird sicherlich meine Privatsphäre schätzen. Ihr wisst ja nicht, was für Leute sich hier beworben haben! Deutsche sind ja immer ruhig und feiern keine Partys. Ihr feiert doch keine Partys? Kommt, ich zeige euch euer Zimmer.«

Sie führte uns nach oben und öffnete eine Tür zu einem kleinen Raum mit schmalem Doppelbett, winzigem Einbauschrank und einem Stuhl. Das war's. Noch nicht einmal einen Tisch gab es, den ich als Schreibtisch nutzen könnte.

»Das ist die Abstellkammer, oder?«, fragte Micha.

»Aber nein, das ist mein Gästezimmer. Schaut, es geht direkt auf den Garten hinaus.«

»Und unser Schlafzimmer?«, fragte ich.

»Das ist euer Schlafzimmer, hübsch nicht? Die anderen Räume sind natürlich privat. Oh, und Küchenbenutzung ist nur tagsüber gestattet, wenn ich im Büro bin. Und bitte keine Sachen im Bad hinterlassen. Das wird sonst zu voll.«

»Das ist ja wie im Knast«, flüsterte Micha.

Ich nickte heftig. Wir waren uns nie so einig und nie so eilig gewesen, ein Haus zu verlassen.

»Ruft an, wenn ihr es euch überlegt habt.« Die Frau lächelte freundlich, aber vergeblich.

Unser dritter Versuch war schließlich erfolgreich – auf den ersten Blick jedenfalls. Die WG befand sich in einem älteren Bungalow fast in der Innenstadt, mit Garten und Blick auf wild wucherndes Brachland – fast schon ländlich. Und das Zimmer war auch groß genug für uns beide, samt Schreibtisch, und schön günstig. Internet gab's auch. Aisling, eine rundliche und rundum fröhliche Krankenschwester, begrüßte uns mit all der irischen Herzlichkeit, die wir uns vorgestellt hatten.

Na gut, das Haus war etwas chaotisch, aber Aisling erklärte: »Wir sind alle berufstätig, haben kaum Zeit für Hausarbeit mit all den unterschiedlichen Schichten, Nachtarbeit und so. Aber gemeinsam kriegen wir das schon hin. Das Haus gehört meinem Onkel, der lebt in Australien. Manchmal kommt er rüber und wohnt hier, aber das macht doch nichts, oder? Also, ich bin die Hauptmieterin, sozusagen. Abgesehen von Onkel Fintan. Die anderen werdet ihr später treffen.«

Die Frau gefiel mir. Sprudelnd, offen und selbstbewusst.

»Und wer sind die anderen?«, fragte Micha.

»Da ist Gianna. Die kommt aus Italien und hat bis vor Kurzem bei der Bank gearbeitet, hat aber ihren Job verloren und ist jetzt Serviererin in einer Pommesbude, Köchin nennt sie sich gerne. Sie ist großartig, sie weiß genau, wo man die richtige Pizza bestellt! Und dann noch Conor, der macht irgendwas mit IT.«

Michas Augen leuchteten auf. »Ich auch! Wo arbeitet er denn?«

»Keine Ahnung. Irgendwas mit Computer.«

»Computer. Is' klar«, murmelte Micha.

»Wann könnt ihr einziehen?«, fragte Aisling geradeheraus. »Ich brauche die Miete.«

Kurz und gut, am folgenden Wochenende zogen wir ein.

Als wir unseren Krempel ins Haus schleppten, schlurfte uns ein verkaterter junger Typ entgegen und blinzelte verschlafen an uns vorbei.

»Du bist Conor? Hallo, wir sind die Neuen«, sagte Micha.

Der Typ schüttelte nur den Kopf, brummelte: »Nee, bin Fionn«, und schloss die Badezimmertür hinter sich.

Ich guckte Micha an. »Fionn? Wer soll das denn sein?«

Micha zuckte die Schultern, und wir schleppten weiter.

Nachdem alles in unserem Zimmer verstaut war, wollten wir uns erst einmal einen Kaffee in der Küche machen. Ich fiel bald rückwärts wieder aus der Tür. Bombenalarm! Takeaway-Kartons, Bierdosen, stapelweise dreckiges Geschirr und alle Flächen verklebt.

Eine junge Frau mit wuscheligen schwarzen Haaren und nur mit einem langen T-Shirt bekleidet wankte, ebenso verschlafen wie dieser Fionn, in die Küche.

»Hallo«, sagte Micha, weit weniger enthusiastisch als beim ersten Mal. »Du musst Gianna sein, oder?«

»Hi, ich bin Michelle. Habt ihr irgendwo Kaffee? Und Klopapier?«

Im Wohnzimmer das gleiche Bild. Leere Chipstüten, Bierdosen, Weinflaschen, dafür volle Aschenbecher und ein volles Sofa – voll mit einem sehr großen und sehr dicken jungen Mann, der vor sich hinschnarchte. Wo war eigentlich Aisling?

»Ich glaube, die hatten eine Party letzte Nacht«, flüsterte Micha. »Komm, wir gehen in die Stadt Kaffeetrinken, dann sehen wir weiter.«

Als wir »nach Hause« kamen, war niemand mehr da. Wir räumten also gemeinsam ein bisschen auf, damit wir uns wenigstens in der Küche etwas zu essen machen konnten.

»Ist aber das erste und letzte Mal, dass ich den Dreck von anderen wegräume«, meinte ich mürrisch. Schöner Einstand.

»Das regeln wir schon, machen wir wie zu Hause mit ordentlichen Absprachen, wenn wir mal alle zusammensitzen«. Micha bereitete die Tomatensoße für unser Abendessen zu, während ich die letzten Mülltüten hinter das Haus zur Tonne schleppte.

Wenn wir mal alle zusammensitzen? Nach fünf Tagen hatten wir endlich Gianna kennengelernt, die meist mit ihrem Freund, besagtem Fionn, spät nachts nach Schichtende antanzte und in ihrem Zimmer laut die Musik aufdrehte. Conor bekamen wir auch hin und wieder zu Gesicht, ein irischer Charmeur mit blauen Augen und dem Talent, hauptsächlich von sich zu reden und alles andere zu ignorieren, vor allem wenn ich versuchte, das Gespräch auf ein gemeinsames Essen mit WG-Besprechung zu bringen. Wie neulich.

»Sweetheart«, sagte er und warf seine hübschen Gliedmaßen aufs Sofa, »wir können jederzeit reden. Ist da nicht eine Flasche Wein im Kühlschrank? Warum holst du uns nicht zwei Gläser?« Er strahlte mich an, als müsste ich augenblicklich dahinschmelzen.

»Schatzi«, sagte ich ebenfalls nonchalant und pflanzte meinen nicht minder hübschen Hintern auf den Sessel. »Warum holst du dir nicht selbst ein Glas? Ich hätte auch nichts gegen ein nettes Sandwich. Den Weg zum Kühlschrank kennst du ja.«

»Haha, ihr deutschen Frauen seid ganz schön tough! Muss los, habe noch eine Verabredung. Aber das mit dem Wein steht, okay?« Zwinkerte mir zu und verschwand.

Micha war nach ein paar Tagen sichtlich frustriert. Es gab ein Kommen und Gehen und das nicht immer von unseren Mitbewohnern. Gianna und ihr Fionn plus diverse musikliebende Freunde, Conor mit Michelle, Riona, Jenny und wie sie noch so hießen. Aisling hatte in unserer ersten Woche Spätdienst im Krankenhaus und kam erst mitten in der Nacht nach Hause. Tagsüber war sie nicht ansprechbar, abends in Eile: »Ihr kommt klar, oder?«

Schließlich beschloss Micha, ein paar Regelungen schriftlich festzulegen, wie er es nannte. Kurz gesagt, er verfasste einen Putzplan, klebte Namenszettelchen an die Kühlschrankfächer, damit sich nicht jeder einfach nahm, was er brauchte, und stellte demonstrativ die Klobürste auf den Klodeckel, damit jeder daran dachte, sie auch zu benutzen. Und er fügte noch einen Einkaufsfinanzplan hinzu, weil gemeinschaftliche Sachen irgendwie ungeregelt waren.

»Keine Lust mehr, Klopapier für den Rest Irlands zu kaufen«, grummelte er. Und dann klebte er seinen schönen, mehrfach ausgedruckten Plan an den Kühlschrank, an den Badezimmerspiegel und an jede Schlafzimmertür, damit auch niemand ihn übersah.

Das klappte endlich. Aber nicht so, wie Micha sich das vorgestellt hatte.

Aisling klopfte eines Nachts sehr, sehr spät an unsere Tür. »Hab ich euch aufgeweckt?«

Ich nickte verschlafen.

»Sorry. Klasse Idee mit dem Plan. Aber hört mal, das mit dem Klopapier besprechen wir noch. Ihr seid ja immer zu Hause und benutzt das Klo am häufigsten. Und wer stellt eigentlich immer die Klobürste auf den Deckel? Schlaft schön weiter, ich bin todmüde.«

Von wegen schön weiterschlafen.

Gianna legte uns am nächsten Morgen den Plan auf den Frühstückstisch. »Tolle Idee, ich versteh nur nicht alles. Muss das mit Fionn besprechen. Dein Shampoo ist übrigens super, Jo. Müsste ich mir auch mal besorgen, wenn ich dazu komme. Ach, und wer stellt eigentlich immer die Klobürste auf den Deckel? Ciao!«

Mein Shampoo?! Das würde ich in Zukunft in meinem Zimmer verstecken.

»Apropos Fionn: Sollte der sich nicht auch beteiligen?« Mein korrekter Micha, immer im Einsatz für Gerechtigkeit – oder zumindest für die gerechte Aufteilung von Kosten.

»Dann aber auch Jenny, Michelle und Riona«, fügte ich trocken hinzu.

»Annemarie heißt die Neueste von Conor«, brummte Micha. »Conor müsste mindestens Gruppentarif zahlen.«

Der tapste in Unterhosen in die Küche und stöberte im Kühlschrank herum. »Cooler Plan, *man.* Fände ich auch gut, wenn alles etwas besser organisiert wäre. Sagt mal, habt ihr keinen O-Saft mehr? Könnt ihr den nicht auf euren Einkaufsplan schreiben? Und Klopapier ist auch keins mehr da.«

»Ich finde, das sollten wir alles mal besprechen, Conor«, versuchte ich Micha zuvorzukommen, dem schon die Ader am Hals anschwoll. »Sollten wir uns nicht mal zusammensetzen, du, Aisling, Gianna und wir?«

»Aber immer, Baby.« Er zwinkerte Micha zu, so ganz von Mann zu Mann. »Wenn Micha das Bier besorgt und ihr Mädels kocht, bin ich für alles zu haben ... Übrigens, wer stellt eigentlich immer die Klobürste auf den Deckel? Und warum?«

Kommentar von: Shane

Ihr habt einen Putzplan in einer irischen WG erstellt? Ja seid ihr denn wahnsinnig? Ich lach mich kaputt. Deutscher geht's wirklich nicht mehr! Mal im Ernst: Eine Wohngemeinschaftskultur wie in Berlin gibt es in Irland schlichtweg nicht. Man teilt sich dort nicht ein Haus, weil man das Gemeinschaftsgefühl pflegen will, sondern weil sich jüngere und alleinstehende Leute selten eine eigene Wohnung leisten können und wollen. Sie sparen das Geld lieber für die Anzahlung auf ein eigenes Haus. Hausarbeit in solchen Gemeinschaftshäusern erledigt sich, nun ja, »organisch«. Irgendwer macht immer mal wieder sauber, meist wenn

Besuch erwartet wird. Ein echtes Interesse am Miteinander ist nicht vorhanden oder entwickelt sich nur langsam – wenn man Glück hat. Es sind Zweckgemeinschaften, die ständig fluktuieren und nur selten in Freundschaften münden. Es sei denn natürlich, alle haben das gleiche Partybedürfnis, die gleiche Schmutztoleranz und vor allem einen Job außer Haus. Wer wie du, Jo, zu Hause arbeitet, kriegt da leicht die Krise.

Und mit Partys muss immer gerechnet werden. Eine geteilte Wohnung oder Haus ist die Zwischenstation zwischen dem Elternhaus, wo Partys nicht erlaubt sind, jedenfalls nicht in dem wilden Ausmaß, und dem eigenen Haus, wenn mit eigener Familie die Verantwortung ausufernde Partys schon von allein verbietet. Dieses Intermezzo der Freiheit wird heftig genutzt. Ist ja auch keiner da, der sich über den Müll beschwert – außer man hat ordentliche deutsche Mitbewohner ...

Seht es einfach so: Ihr wollt ja auch nur zeitweise dort wohnen, bis ihr ein Haus gefunden habt. Haltet durch!

Kommentar von: Tina

Shane hat recht: Putzplan in Irland? Sozialer Selbstmord! Mit dem Putzen haben es die jungen Iren nun wirklich nicht so, außer wenn sie schließlich ihr eigenes Haus besitzen und alles blitzblank gehalten wird. Meistens jedenfalls. Diskussionen über Sauberkeit sind nutzlos, zumal wenn sie von Deutschen angezettelt werden. Das finden die eher lustig.

Warum die jüngeren Iren so ein nachlässiges Verhältnis zur Hausarbeit haben? *Blame the Irish mammy!* Die Kinder werden nach Strich und Faden verwöhnt, auch wenn sie schon erwachsen sind. Die *mammy* räumt ihnen hinterher, sorgt für einen vollen Kühlschrank, stellt das Essen auf den Tisch und wäscht die Wäsche. Manche schleppen ihre Schmutzwäsche jedes Wochenende zur *mammy*, wenn sie nach Hause fahren, und »nach Hause« bedeutet immer das Elternhaus, auch wenn die Dreißig schon überschritten ist. Jedenfalls für die Männer.

Überhaupt irische junge Männer (manchmal auch alte): Mit Charme glauben sie, sich durchs Leben wurschteln zu können. Sie toben sich an der Beziehungsfront aus, bis sie die Richtige finden, meist eine, die ihnen wie *mammy* gewissermaßen den Hintern mit Seidenpapier abwischt.

Kochen können übrigens die wenigsten jungen Iren, weswegen die meisten sich auch von Sandwiches und Fast Food ernähren oder bestenfalls essen gehen, falls sie es sich leisten können. Herumliegende Take-away- und Pizzaschachteln sind daher keine Seltenheit. Ein richtiges, selbst gekochtes Essen, bei dem alle beisammen sitzen, ist hingegen eher unüblich. Das macht man mit den Eltern, aber doch nicht in der freiheitlichen WG.

5 Reisende Nachbarn

Jo schreibt:

Hinter unserem WG-Haus liegt ein großes Stück Brachland. Hat mir immer gut gefallen, ein Stückchen Natur in der Stadt und zumindest aus dem Küchenfenster ein Blick ins, nun ja, Grüne. Vor drei Tagen parkte dort ein einsamer Wohnwagen und zwar direkt hinter unserem Haus. Auf dem Brachland graste plötzlich ein Pony, Wäsche war auf den Büschen zum Trocknen ausgebreitet. Ich ging raus, um zu gucken, was sich dort abspielte, und winkte der jungen Frau mit den gelbblonden aufgetürmten Haaren, die im Freien einen Teppich ausklopfte, freundlich zu. Sie zog ihr enges T-Shirt über die Röllchen über den Jeans, blickte kurz und ziemlich gleichgültig in meine Richtung und stapfte zurück in den Wohnwagen. Ein kleiner Junge mit raspelkurzen Haaren kickte enthusiastisch einen Fußball vor sich her. Hoffentlich landet der Ball nicht in einem unserer Fenster, dachte ich. Er strahlte übers ganze Gesicht, als er mich sah, und kickte begeistert weiter.

Abends erzählte ich den anderen, die erstaunlicherweise einmal voll versammelt waren, von unseren neuen Nachbarn. Ob das wohl Touristen seien, die das Brachland zum Übernachten nutzten?

Aisling bekam fast einen Schreikrampf. »Wir müssen die Polizei rufen! Mann, wenn das hier losgeht, ist keiner mehr sicher!«

Der sonst so lässige Conor wurde ebenfalls grimmig. »Packt alles ins Haus, was nicht niet- und nagelfest ist, schließt die Fenster unten und die Hintertür zur Küche immer ab, hängt keine Wäsche draußen auf! Die klauen alles. Und lasst die nie und nimmer ins Haus, wenn sie an die Tür klopfen und euch anbieten, die Auffahrt zu asphaltieren oder die Küche neu zu streichen. Oder was auch immer. *Bloody tinkers!*«

Micha und ich blickten uns ratlos an, Gianna zuckte mit den Schultern.

»Wieso?«, fragte ich schließlich. »Das ist doch nur eine kleine Familie. Was sollen die uns schon tun. Vielleicht sind die ja ganz nett, wenn wir sie einfach mal zum Kaffee einladen.«

»Einladen? Bist du des Wahnsinns?« Conor sah fassungslos aus.

»Jetzt pass mal auf«, meinte Aisling ungewohnt eindringlich. »Es geht nicht nur um diese Familie. Kommt eine, kommt der ganze Clan. Und weißt du, wie groß so ein Clan ist? Und wenn die nicht sofort vertrieben werden, kommt nicht nur ein Clan, sondern auch der nächste, dann streiten die sich und es kommt zu Messerstechereien und Faustkämpfen. Und dann sind auch wir nicht mehr sicher. Die kennen da nichts!«

»Und wartet mal ab, bis die ihren Müll über unseren Gartenzaun werfen. Da könnt ihr eure ganze Putzplan-Ideologie begraben.« Conor konnte sich die kleine Spitze nicht verkneifen.

»Und wie die mit ihren Tieren umgehen!«, setzte Aisling noch einen drauf. »Hast du schon mal in deren Camps die halb verhungerten Ponys gesehen oder die armen Hunde, die verprügelt werden?«

Gianna äußerte sich auch: »Sind das, äh, Zigeuner?«

Aisling und Conor schüttelten gleichzeitig den Kopf, Conor lachte hässlich. »Keine Zigeuner, jedenfalls nicht im Sinne von Sinti und Roma. Ganz ordinäre irische Asoziale. Basta!«

Micha zuckte merklich zusammen. »Zigeuner ist ja nicht gerade politisch korrekt, in welchem Zusammenhang auch immer. Und wieso Asoziale? Nur weil sie im Wohnwagen leben?«

»Ach, wieder mal typisch deutsch.« Conors Augen huschten zum Küchenfenster. »Immer schön *PC (political correct).* Okay, dann sind das eben *travellers.* Reisende, dass ich nicht lache. *Troublemakers* würde ich sie nennen. Die müssen weg. Ich ruf jetzt die Polizei.«

»Wollen wir nicht erst mal abwarten?«, fragte ich schon etwas zaghaft.

»Abwarten?«, kreischten Aisling und Conor unisono. »Wir dürfen keine Minute verlieren!«

Und ich dachte, die Iren wären so locker und tolerant ...

Kommentar von: Tina

Es ist einerseits schon traurig, dass sich die *travellers* und die sesshaften Iren nicht verstehen und es wohl auch nie ein gegenseitiges Verständnis geben wird. Beide Gruppen sind einfach zu sturköpfig. Andererseits haben Aisling und Conor recht: Wenn erst einmal ein Wohnwagen auftaucht, folgt oft eine ganze Flotte. Und wenn irgendwo ein ganzer Clan zusammenkommt, ist in der Tat kein Ende abzusehen. Da hat dann auch die Polizei keine Macht mehr, die haben selbst viel zu große Angst vor der lauernden Gewalt. Und gewalttätig können diese Leute wirklich werden. Glaubt mir. Nicht alle, aber doch genug, um berechtigte Bedenken zu haben.

Travellers leben übrigens nicht immer in Wohnwagen. Der Staat sorgt für sie und lässt sie in besonderen Siedlungen leben, oder sie mieten sich selbst in irgendwelchen Häusern ein, meist in den billigeren Gegenden, wo der Vermieter keine Fragen stellt oder es ihm egal ist, wer in seiner Bruchbude haust.

Damals in Limerick habe ich mich, weil ich es nicht besser wusste, in einer Gegend eingemietet, die etwas heruntergekommen war. Meine unmittelbaren Nachbarn waren ein einziges Ärgernis. Nicht nur der Müll, den sie sich nicht bequemten fortzuschaffen, sondern auch die Kinderschar hat mich zur Weißglut gebracht. Dauernd tobten sie rum, bis spät in die Nacht, schmissen »zum Spaß« irgendwelches Zeug an meine Tür, die Männer parkten vor meiner Auffahrt und warfen Kippen über den Gartenzaun, und wenn ich mich bei den Frauen, die den ganzen Tag nur herumzuhocken schienen, beschwerte, wurde ich auch noch angemotzt. Kein Wunder, dass ich da bald weggezogen bin.

Kommentar von: Shane

Ich stimme Tina zu, bin aber erstaunt, dass eine Deutsche so unverblümt über Minderheiten reden kann, ohne den inneren erhobenen Zeigefinger der politischen Korrektheit zu beachten. Aber wer jemals in bestimmten Vierteln von Limerick oder Dublin oder manch anderen Städten gewohnt hat, wächst vermutlich über jeden Zeigefinger hinaus.

Jo, es gibt in Irland genauso wie in Deutschland und vermutlich überall die Haltung *not in my backyard,* also »nicht vor meiner Haustür«. Die *travellers* mögen mit ihrer »zigeunerhaften« Lebensweise bei Ahnungslosen das Bild von Romantik hervorrufen: ein fahrendes Volk, das sich mit Gelegenheitsjobs über Wasser hält, einen starken Familiensinn hat und eine Tradition pflegt, die sehr an kitschige Darstellungen in Film und Literatur erinnert. Pustekuchen. *Travellers* sind keine Romantiker, ganz im Gegenteil.

Es gibt einen guten Grund, warum viele Hotels, Restaurants und Pubs *travellers* den Zugang verweigern: Es kommt häufig zu gewalttätigen Ausschreitungen, wenn verfeindete Familien aufeinandertreffen, besonders nach reichlich Alkoholgenuss. Da kommt es durchaus vor, dass Außenstehende und das Mobiliar zum Kollateralschaden werden.

Schon mal beobachtet, wenn eine Hochzeit oder Beerdigung der *travellers* stattfindet? Die ganze Stadt steht dann still, und die Polizei hat Großeinsatz, als handele es sich um eine Demo. Was es im Grunde auch ist, nämlich die Demo einer Kultur, die auf der Macht des Stärkeren und auf der Angst der anderen vor Diskriminierungsvorwürfen beruht.

Blutrache? Klar, gehört zur Tradition. Frauen? Sind Eigentum. Kinder? Sterben oder überleben. Tiere? Sind Sachen. Andere Menschen? Gehören nicht zu uns und sind zum Ausbeuten da. Hört sich nicht nett an, oder? Tja, willkommen in der irischen sozialen Realität.

Gypsy, knacker, pavee, tinker, traveller

Wie viele Touristen träumen nicht von einer Irlandreise mit einem der romantischen, bunt bemalten Pferdewagen? Es gibt diese sogenannten Zigeunerwagen durchaus zu mieten, auch wenn nur noch wirklich unverbesserliche Romantiker diese Art des Reisens wählen. Komfort und Wellness hat das Leben auf der Straße nämlich nicht zu bieten.

Das fahrende Volk Irlands, einst als *tinkers* (Kesselflicker), *knackers* (Rossschlächter), *gypsies* (Zigeuner) und heute politisch korrekt als *travellers* (Reisende) bezeichnet, hat noch nie Romantik erlebt und schon gar kein romantisches Dasein.

In der Republik Irland leben geschätzte 36.000 *travellers,* in Nordirland rund 4.000, etwa ein Drittel davon in Wohnwagen an Straßenrändern oder wo auch immer sie einen Halt finden. Der Rest lebt in Sozialwohnungen oder -häusern, ist aber deswegen noch lange nicht in die sesshafte Kultur integriert. Sie leben ihre eigene Kultur, was immer das bedeutet, meist jedoch nach archaischen Gesetzen, die jegliche staatliche oder soziale Autorität ignoriert, wenn auch zu ihrem Vorteil ausnutzt, was zwangsläufig zu Reibungen mit der »normalen« Bevölkerung führt.

Der Überlieferung zufolge sind *travellers* die Nachfahren enteigneter keltisch-irischer Landbesitzer. Erstmals wurden sie 1275 urkundlich erwähnt, zu einer Zeit, als die Anglonormannen Irland in Besitz nahmen, was aber nicht bedeutet, dass das fahrende Volk nicht schon vorher existierte. Fakt ist, dass sie zur Bevölkerungsgruppe Irlands gehören, die mit den größten Entbehrungen leben muss: Sie hausen, wenn noch im Wohnwagen, unter höchst unhygienischen Bedingungen, haben die geringste Bildung, sind am häufigsten krank und sterben früher als der Durchschnitt.

Es gibt jedoch durchaus Bemühungen der *travellers,* ihre eigene soziale Situation, ihren Status und ihr Selbstbewusstsein zu verbessern. Offiziell nennen sie sich *pavee* und bilden Interessengruppen, um ihre eigenständige Kultur der sesshaften Bevölkerung verständlich zu machen. Der Ausdruck *»pavee«* entstammt der Shelta-Sprache, die sich in der relativ abgeschlossenen Kultur der *travellers* entwickelt hat. Es ist eine Art Kreolensprache aus Hiberno-Englisch, irischem Gälisch und Slang. *Pavee* bedeutet im Prinzip das Gleiche wie *traveller:* Reisende.

Das klappt nur selten. Zu tief ist der Graben zwischen zwei irischen Bevölkerungsgruppen, die eigentlich aufgrund ihrer kolonialen Erfahrung zusammenhalten sollten. Auch Haben und Nichthaben greift hier nicht, denn arm sind nicht alle *travellers.* Es ist eine tief greifende Abneigung, die von beiden Seiten aus Tradition geschürt wird.

Barrieren und Felsbrocken

Oft sind vor Parkplätzen von Supermärkten, Parks oder anderen öffentlichen Plätzen hohe Querbalken angebracht, die nur für Pkw passierbar sind. Häufig sind auch auf dem Land vor freien Plätzen dicke Felsbrocken zu sehen, was ahnungslose Autofahrer auf engen Straßen oft wundern lässt, warum jegliche Ausweichmöglichkeiten versperrt sind. Das alles sind Vorsichtsmaßnahmen, um *travellers* von der Niederlassung abzuhalten, da ihre Wohnwagen weder unter den Barrieren hindurchpassen, noch die Felsbrocken weit genug voneinander entfernt platziert sind, um ein Fahrzeug hindurchzulassen.

6 Das fröhliche Wiehern des irischen Amtsschimmels

Micha schreibt:

Endlich haben wir ein schönes und bezahlbares Haus gefunden. Drei Schlafzimmer – so nennen sie hier jeden Raum, der nicht Wohnzimmer, Küche oder Bad ist –, ein tolles Badezimmer plus Extraklo, großes Wohnzimmer und voll eingerichtete Küche. Ach ja, und ein großer Garten. Das Haus liegt zwar nicht direkt am Meer, aber dafür in einem netten Dorf nur eine knappe halbe Stunde vom Atlantik entfernt. Ein Dorf mit drei Pubs und zwei Läden, einer davon sogar relativ groß.

Jo ist noch mit Einrichten beschäftigt, sie stellt Möbel um, hängt Bilder auf und bastelt sich einen großen Schreibtisch im kleinsten Schlafzimmer, das ihr Arbeitszimmer wird. Demnächst bauen wir noch Regale, damit wir unsere Bücherkisten aus Deutschland rüberschaffen können.

Gestern war es an mir, mich um das Bürokratische zu kümmern: Strom und Gas, Internet, Meldebehörde, Kontoeröffnung bei einer irischen Bank, um all die Rechnungen überweisen zu können, Beantragung einer Steuernummer, Auto ummelden, falls das sinnvoll ist. Puh! Sagte ich, dass Bürokratie in Irland unkompliziert ist? Ich glaube, das ziehe ich zurück ...

Als Erstes rief ich die *ESB* an, den irischen Stromversorger.

»Klar«, sagte die freundliche Frau, die ich, nachdem ich fünf Durchwahlnummern abtelefoniert hatte, endlich an der Strippe hatte. »Haben Sie ein Bankkonto?«

»Hier in Irland? Nein, noch nicht.«

»Haben Sie einen Nachweis, dass Sie hier auch wirklich leben? Etwa eine Steuernummer oder eine Telefonrechnung?«

»Nein, tut mir leid, darum muss ich mich noch kümmern. Ich fange ja erst an.«

»Gut«, sagte Frau *ESB,* »Sie können solange auch bar auf dem Postamt zahlen. Die Ummeldung der Stromrechnung auf Ihren Namen dauert aber eine Weile, etwa zwei Monate. Wir brauchen dafür, wie gesagt, einen Nachweis, dass Sie an der angegebenen Adresse leben. Können Sie Ihren Namen buchstabieren?«

Zwei Monate, um den Empfänger einer Stromrechnung zu ändern?

Nächster Schritt: Internet. *Eircom,* der große Telefon- und Netzanbieter, lag erst einmal nahe. Großer Anbieter, große Verbreitung, dachte ich.

»Bitte wählen Sie die Eins, wenn sie eine Frage zu Ihrer Rechnung haben, die Zwei, wenn Sie ein Problem mit ihrem Anschluss, die Drei ...« Bei Sieben sagte die Stimme schließlich: »Sagen Sie laut *agent,* wenn Sie mit einem Mitarbeiter sprechen wollen.«

»*Agent!*«, brüllte ich ins Telefon – und wartete ab, als das Band mit der Ansage »Alle unsere Leitungen sind besetzt, bitte gedulden Sie sich. Alle unsere ...« abgespielt wurde.

Endlich: »Guten Tag, ich bin Aidan. *How can I help you?*«

»Ich hätte gerne eine Internetverbindung.«

»Kein Problem. Wo leben Sie genau?«

Ich sagte unsere Adresse durch.

Klick, klick, klick klapperte der junge Mann auf seinem Keyboard. »Wir hätten da ein Angebot: Telefon, Internet und Handy. Eines der günstigsten Telekommunikationspakete im Land. Mit TV ist es nur geringfügig teurer.«

»Danke, aber ich brauche nur Internet.«

»Sie benötigen aber sowieso eine Telefonleitung, um ans Breitband angeschlossen zu werden. Wir haben auch ein Paket nur für Telefon und Internet.«

»Wirklich, nur Internet. Wir brauchen kein Festnetz. Wir benutzen nur unser Handy.«

»Hm. Ich schau mal, was sich da machen lässt.«

Klick, klick, klick.

»Tut mir leid, aber in Ihrer Gegend gibt es keinen Breitbandanschluss. Wenn Sie aber einen Festnetzanschluss hätten ...«

»Dann könnte ich mit einem Quietsch-fieps-Dial-up-Anschluss Stunden warten, bis ich ins Netz komme? Nein danke.«

Nach einigen Tagen und mehrfachem Rumfragen hatte ich schließlich einen kleinen lokalen Internetanbieter ausfindig gemacht, der offenbar auch in unserem einsamen Dorf für Breitband sorgte.

»Echt schnell«, hatte einer der Jugendlichen aus dem Dorf gesagt, den ich einfach angesprochen hatte. »4 Mbit/s Download!«

Echt schnell ... Ich wollte heulen. Aber es half ja nichts. Besser als gar nichts. Zumindest kamen die Jungs vom Anbieter recht schnell, setzten uns eine Antenne aufs Dach, justierten unsere Computer, und schon ging's los. Allerdings waren die 4 Mbit/s, wie wir bald merken sollten, eher ein Wunschziel, das nur selten erreicht wurde.

Internet in Irland? Eher schneckengleiches Patchwork

Ireland's Information Age Town nannte sich Mitte der 1990er-Jahre das Marktstädtchen Ennis im County Clare, als dort – angeblich erstmals in Irland – die Telefonkabel mit dem Internet verbunden wurden. Das ging über kastige Modems, die in die Telefonleitung eingestöpselt wurden und beim Anwählen piepsten und kreischten, bis man nach gefühlten Stunden im Netz war. Nur zum Gucken, wohlgemerkt, viel mehr lief da nicht. Und es war sündhaft teuer.

Die irischen Medien zeichneten die grüne ländliche Insel damals bereits als allseits verbunden, von Schaf zu Kuh zu Bauer bis hin zur großen weiten Welt.

Etwa 15 Jahre später piepste und kreischte es zwar nicht mehr, aber was an Breitband oder WLAN auch heute noch angeboten wird, bringt Mitteleuropäer zum Weinen. In den Städten ist es kein Problem, aber auf dem Land fühlt man sich oft in die Pieps- und Kreisch-Ära zurückversetzt.

Nicht alle Landstriche werden von den großen Anbietern versorgt. Oft sind es kleinere Unternehmen, die sich – schlauerweise – auf die Nischen konzentrieren, dafür aber horrende Preise für nur manchmal schnellere, ansonsten unzuverlässige Verbindungen verlangen.

Schließlich wollte ich mich um die Anmeldung in Irland kümmern. Ein spezielles Einwohnermeldeamt schien es nicht zu geben, also begab ich mich zur Polizei.

Die Polizeistation befand sich im nächstgrößeren Dorf, sie sah aus wie ein kleines Einfamilienhaus. Im »Hausflur« standen Ständer mit diversen Prospekten herum, die sich um Sicherheit in allen Lebenslagen zu drehen schienen.

Ich rief laut: »Hallo! Jemand da?«

Ein dicker Polizist trat aus einer der Türen auf den Flur und knöpfte sich die Uniformjacke zu. »Kann ich Ihnen helfen?«, fragte er freundlich.

»Ähm, ich würde mich gerne anmelden. Ich wohne jetzt im Nachbardorf.«

»Das ist aber nett! Mein Name ist Brian, kommen Sie doch rein!«

Seine Amtsstube bestand aus zwei zusammengeschobenen Esstischen, ein paar Küchenstühlen und einem Metallaktenschrank. Auf einem der Tische stand ein klobiger grauer Steinzeitcomputer. Auf dem anderen ein Telefon und ein Becher mit dampfendem Tee.

»Tee?«, fragte Brian dann auch und knöpfte sich sein stramm sitzendes Jackett wieder auf. »Wo wohnen Sie denn? Gefällt es Ihnen hier?«

»Sehr gut, danke. Keinen Tee, sehr freundlich. Ich wollte mich eigentlich nur registrieren oder wenigstens ein Anmeldeformular abholen.«

»Ein Formular, soso.« Polizist Brian guckte etwas perplex. Schließlich zog er seufzend einen Schreibblock aus der Tischschublade, blätterte eine leere Seite auf und hielt sie mir unter die Nase.

»Schreiben Sie einfach Name und Anschrift drauf.«

Was ich auch brav tat. »Und jetzt? Kriege ich eine Bestätigung mit Stempel und so? Ich brauche einen Nachweis, dass ich hier wirklich lebe.«

»Wozu? Ich weiß ja jetzt, wer Sie sind und wo Sie wohnen. Mehr ist nicht nötig. Wenn also mal was passiert, weiß ich gleich, wo ich hin muss.« Brian strahlte zufrieden. »Nicht doch einen Tee?«

Ich nickte ergeben. »Was soll denn passieren?«

»Irland ist ein gefährliches Land geworden. Drogen, Mord und Totschlag. Und Einbrüche! Die eskalieren allmählich. Letztes Jahr erst wurde bei der alten Biddy eingebrochen, drüben auf der Murphy-Farm. Alles weg, die Handtasche, das Radio, der Fernseher und so weiter. Wahrscheinlich Drogenabhängige oder diese kriminellen Banden aus Limerick oder Dublin. Bestimmt nicht aus unserer Gegend. Wir sind anständige Leute.« Er drückte mir einen Teebecher in die Hand und ließ sich seufzend auf seinen Stuhl fallen. »Unfälle gibt es auch massenhaft. Die Leute fahren wie die Verrückten. Keine Rücksicht mehr.« Der dicke Brian schüttelte traurig den Kopf.

»Und um diese ganzen Dinge müssen Sie sich hier alleine kümmern?« Mir tat der Gute fast leid.

»Nein, nein, ich habe noch einen Kollegen. Aber der ist heute auf seiner Farm. Ich kann ihn aber jederzeit anrufen, wenn was passiert. Wir sind immer in Bereitschaft.«

Ich lächelte. Dann kann ja nichts mehr schiefgehen an der Verbrechensbekämpfungsfront. Ich stand auf, um mich endlich zu verabschieden.

Der dicke Brian gab mir noch einen guten Rat mit auf den

Weg: »Immer schön aufpassen und ruft mich sofort an, wenn ihr einen Verdacht habt, dass etwas faul ist. Man weiß ja nie!«

Ich versprach es ihm, würde es aber wohl nicht übers Herz bringen, den guten Brian aus seiner Teepause zu reißen, falls die Mafia mal in unser Dorf einfallen sollte.

Dann ging's zur Bankfiliale im nächstgrößeren Dorf. Die perlenbekettete Filialleiterin war entzückend. Natürlich könnten wir ein Konto einrichten. Sie bräuchte nur eine Wohnbescheinigung, den Pass und eine Arbeitsbescheinigung oder wenigstens eine Steuernummer.

Wohnbescheinigung? Also Meldebescheinigung? »Aber der dicke Polizist hat doch gesagt ...«

»Nein, nein«, sagte die ununterbrochen lächelnde Dame. »Es reicht völlig, wenn Sie Strom- und Telefonrechnungen der letzten zwei oder drei Monate vorlegen. Damit wir wissen, dass Sie auch wirklich an der angegebenen Adresse wohnen.«

»Aber die Stromrechnung wird erst in etwa zwei Monaten auf unseren Namen umgeschrieben, eine Telefonrechnung haben wir auch nicht, weil wir nur unsere Handys benutzen.«

»Dann vielleicht eine Bescheinigung Ihres Arbeitgebers und eine Bescheinigung Ihres Vermieters?«

»Meine Freundin arbeitet freiberuflich für mehrere Verlage in Deutschland. Das wird wohl etwas schwierig. Und ich bin noch auf Arbeitssuche. Der Vermieter lebt in den USA und ist nie zu erreichen.«

Die reizende Dame nestelte an ihrer Perlenkette und lächelte bedauernd. »Tja, das tut mir ja leid. Kommen Sie einfach wieder, wenn Sie alles beisammen haben.«

Ich war verwirrt. Sollten wir jetzt Monate warten, bis wir eine Stromrechnung auf unseren Namen und ich eine Arbeit hätte, um ein Konto eröffnen zu können? Falls wir überhaupt jemals eine Stromrechnung bekämen ohne Wohnbescheinigung, die, wenn ich das richtig verstanden habe, wiederum gleichbedeutend mit der Stromrechnung ist. Oder mit der nicht existenten Telefonrechnung. Und was, wenn mein Arbeitgeber eine Kontonummer für den Arbeitsvertrag benötigt? Und die Rechnungen, die bis dahin anfallen, sollen wir die bar bezahlen? Von unseren deutschen Konten Überweisungen zu tätigen, ist mir zu teuer.

Ich hatte schon keine Lust mehr, musste aber noch nach Ennis zum Finanzamt, um eine Steuernummer zu beantragen. Ohne Steuernummer und ohne *tax clearance certificate* (»steuerliche Unbedenklichkeitsbescheinigung«), was immer das ist, gibt es keinen offiziellen Job in Irland. Habe ich jedenfalls gehört. Ich fühlte mich bereits jetzt wie in einem kafkaesken Dschungel, wo keiner durchblickt und jeder auf den anderen zählt und keine Koordination vorhanden zu sein scheint. Das war, bevor ich im irischen Provinzfinanzamt vor einem großen Schreibtisch saß, hinter dem mich eine kleine, dauergewellte Frau freundlich anblickte. Freundlich sind sie ja alle.

»Eine Steuernummer? Aber gerne«, sagte die Frau.

Ich war erleichtert. Wenigstens etwas klappte.

»Dazu bräuchte ich Ihre Arbeitsbescheinigung, einen Nachweis, dass Sie hier leben, eine Bescheinigung des deutschen Finanzamts, ihren Pass, eine Geburtsurkunde in der langen Form und natürlich Ihre Bankverbindung.«

Ich brachte nur einen Laut hervor, der sich wie »nnng« anhörte, und holte tief Luft. »Wieso Geburtsurkunde, wenn ich einen Pass habe? Und was ist eine lange Form?« Mir schwebte ein Nachweis aller meiner Vorfahren vor. »Außerdem habe ich noch keinen Arbeitgeber, aber jeder potenzielle Arbeitgeber will die Steuernummer. Ich habe noch keine Wohnbescheinigungen, also Stromrechnungen auf meinen Namen, weil ich dafür eine ... Wohnbescheinigung benötige. Ich habe auch noch keine irische Bankverbindung, weil die dafür ebenfalls die Stromrechnung oder eine Steuernummer wollen. Das deutsche Finanzamt gibt mir nicht einfach eine Abmeldebestätigung, ohne dass ich eine Anmeldebestätigung vom irischen Finanzamt habe.« Ich holte nochmals tief Luft.

Frau Dauerwelle kräuselte ihre Stirn in Sorgenfalten. »Ach nein? Aber das deutsche Finanzamt ist doch so effizient? Können die nicht einfach einen Zettel ausstellen, dass Sie jetzt hier Steuern zahlen wollen?«

Deutsches Finanzamt und Zettel? Ich schloss für einen Moment die Augen.

Dann lächelte sie wieder und wackelte mit dem Kopf. »Keine Sorge, das kriegen wir schon hin«. Sie griff hinter sich in ein Fach und holte diverse Papiere hervor, die sie mir über den viel zu großen Schreibtisch schob. »Lesen Sie sich das in Ruhe durch, besorgen Sie die Unterlagen, und dann geht alles glatt.« Sie strahlte, als hätte sie die Lösung für die irische Finanzkrise entdeckt.

Ich gab's auf. Und schlich mich mit einem gemurmelten *»thanks, bye bye«* und dem Stapel Bürokratiekauderwelsch von dannen und warf ihn in den nächsten Mülleimer.

Kommentar von: Tina

Sagte ich nicht, dass ihr euch noch nach deutscher Bürokratie sehnen werdet? Micha, mach dir keinen Kopf. Das regelt sich tatsächlich alles irgendwie. Einen Job findest du auch ohne den Papierkram, und dann kommt der Rest von ganz alleine.

Trotzdem hättest du beharrlicher sein sollen auf dem Finanzamt. Wenn du nach dem Vorgesetzten fragst, kriegst du auch deine Steuernummer. Die wollen ja schließlich auch Steuern kassieren, die brauchen sie dringend. Manchmal sitzen einfach nur Leute ohne Ausbildung oder ohne weiteren Horizont an den Schaltern und die machen Dienst nach Vorschrift. Gibt's auch in Deutschland. Nur ist das in Irland kein Protest, sondern Dauerzustand in Behörden. Wirst dich dran gewöhnen.

Kommentar von: Shane

Also, mal ganz von vorne: In Irland gibt es keine Meldebehörde. Du wohnst einfach da, wo du wohnen willst und basta. Irgendwann kennt dich ohnehin Hinz und Kunz, auf jeden Fall der lokale Postbote. Und als *proof of residence,* also Beweis, dass du da lebst, wo du lebst, gilt tatsächlich die Strom- oder Telefonrechnung der letzten zwei oder drei Monate. Das reicht in einem kleinen Land, wo die meisten Menschen in ihren eigenen vier Wänden wohnen.

Doof wird es nur, wenn du lediglich ein Zimmer mietest. Wenn die Rechnungen nicht auf deinen Namen ausgestellt sind, kann es kompliziert werden. Aber auch in dem Fall reicht oft eine Bescheinigung des Hauptmieters oder des Vermieters. Oft, nicht immer. Das hängt von dem jeweiligen Sachbearbeiter ab.

Die Sache mit dem *tax clearance certificate* hört sich schlimmer an als gedacht. Es ist im Prinzip eine Bescheinigung des Finanzamts, dass du immer brav deine Steuern bezahlt hast. Die kriegst du, wenn überhaupt benötigt, sobald du deine erste Steuererklärung nach Anmeldung beim irischen Finanzamt abgegeben hast. Und sie wird nur dann verlangt, wenn du für staatliche oder staatlich unterstützte Organisationen arbeitest. Und dann reicht es oft auch, dass du sie nachreichst.

Lass dich nicht verunsichern und leg vor allem deine deutsche Korrektheit ab. Wurschtle dich durch, wie wir Iren es schon seit Ewigkeiten tun.

Und was die Bank angeht: Versuch es bei einer anderen Bank. Viele ländliche Bankfilialen erfinden einfach Regeln – aus Unsicherheit. In größeren Städten geht es meist einfacher.

Das deutsche Nummernschild

Zu Zeiten des Booms, etwa ab Mitte der 1990er-Jahre bis 2008, und der zahllosen Einwanderer waren allerorts Autos mit ausländischen Nummernschildern zu sehen. Auch heute noch kein Problem, da ja viele Touristen mit dem eigenen Wagen unterwegs sind. Aber die Zollfahndung ist nicht auf den Kopf gefallen und weiß genau, dass Touristen wohl kaum den ganzen Tag auf Firmenparkplätzen parken oder über Jahre durch das gleiche Dorf kurven. Und die Zollfahndung ist überall.

Irische Autoversicherungen und -steuern sind fies, nämlich weitaus höher als in Deutschland und anders gestaffelt: Je jünger der Besitzer, desto teurer wird's (oft über 2.000 Euro pro Jahr). Deswegen entscheidet sich so mancher, sein heimisches Nummernschild beizubehalten. Klappt oft, und es gab auch schon Fälle, dass deutsche Autofahrer über fünf, zehn oder sogar 15 Jahre damit durchkamen. Aber wer einmal erwischt wird, muss mit empfindlichen Geldstrafen rechnen.

Das Gesetz schreibt vor, dass jedes Auto aus dem Ausland eines hier lebenden Ausländers sofort umgemeldet werden muss, im Prinzip gleich nach Ankunft, was unrealistisch ist. Es so bald wie möglich zu tun, ist jedoch empfehlenswert.

Wichtig ist der Nachweis, dass es sich nicht um ein Importauto handelt, also keine Neuzulassung für den Weiterverkauf. Das Fahrzeug muss mindestens seit sechs Monaten vor der Einreise nach Irland dem Besitzer gehören, was durch Papiere belegt werden muss. Trotzdem muss der Fahrzeughalter eine *vehicle registration tax* zahlen, eine Zulassungsgebühr, die sich prozentual von einem festgelegten Wert des Autos errechnet. Die ist nicht verhandelbar und kann ganz schön hoch ausfallen.

Dann kommt noch die Abmeldung des Autos in Deutschland hinzu. Das kann über die letzte Zulassungsstelle einschließlich der Einsendung der alten Nummernschilder geschehen, einfacher vielleicht über die Deutsche Botschaft in Dublin.

Irgendwann lohnt sich der Neukauf eines Autos mit Rechtslenker. Obwohl das Autofahren im irischen Linksverkehr auch mit dem Lenkrad auf der linken Seite funktioniert, wenn man sich – falls man ohne Beifahrer unterwegs ist – daran gewöhnt hat, bei jeder Mautstelle oder in Parkhäusern aus dem Auto zu springen und ums Fahrzeug herumzulaufen, um das Mautgeld zu zahlen bzw. den Parkschein aus dem Automaten zu ziehen.

7 Irische »Amigos«: Mein Bruder seine Schwägerin ihr Onkel

Micha schreibt:

Langsam wird es anstrengend. Noch immer bin ich ohne Job. Jo ist die meiste Zeit im Arbeitszimmer und ackert, das Haus ist fertig eingerichtet, ich friemel aus akuter Langeweile im Garten herum oder hänge an meinem Laptop, um Bewerbungen loszuschicken und mich bei den Jobvermittlungsagenturen anzumelden. Nichts bislang. Ich hatte mich sogar im Computerladen im nächsten Dorf vorgestellt, dem einzigen weit und breit in unserer Gegend, samt Zeugnissen, einer Präsentationsmappe und einer gut vorbereiteten Rede über meine Qualifikationen. Der Typ lächelte nur freundlich (immer freundlich diese Iren) und winkte ab. Er brauche niemanden, es gebe nicht genug Arbeit, schlechte Wirtschaftslage und so. Das Übliche.

Eines Abends machten Jo und ich uns mal wieder auf ins Dorfpub. Es gab eine Musiksession, und der Laden war brechend voll. Wir kannten bereits ein paar Leute aus dem Dorf, oder die uns, und setzten uns selbstverständlich *nicht* auf die Eckbank, die auch hier den Musikern vorbehalten war.

An der Theke kam ich mit Kevin ins Gespräch, einem unserer Nachbarn, den ich bislang nur aus der Ferne kannte. Kevin war Elektriker und klagte über die schlechte Auftragslage, seit der Bauboom in Irland vorbei war.

»Geht mir auch nicht besser«, sagte ich voll brüderlicher Anteilnahme. »Ich bin IT-Fachmann, habe Software für ein großes Unternehmen entwickelt und ein Schweinegeld verdient. Und hier? Nichts, niente, nada.«

Kevin guckte nachdenklich in sein Pint. »Aber wenn du so viel Geld verdient hast, wieso hast du denn den Job aufgegeben?«

»Weil wir nach Irland wollten, weg von Deutschland und all dem Druck. Ich will es hier etwas lockerer angehen lassen. Noch ein Pint?«

Kevin nickte. »Aber wenn du so hoch qualifiziert bist, kriegst du doch bestimmt auch hier einen Job? In Dublin oder Cork oder Limerick?«

»Wir wollen aber nicht in der Stadt leben. Lebensqualität ist uns wichtiger. Geld ist ja nicht alles.«

»Meinst du! In Irland ist Geld alles – wenn man keins hat.« Er grinste frech.

Er muss es ja wissen.

Nach einer gedankenvollen Pause meinte er schließlich: »Sag mal, kannst du auch Computer reparieren? Oder Smartphones? Ich wüsste da jemanden, der Hilfe brauchen könnte.«

»Kann ich schon, wieso?« Ich fürchtete, dass er mir anbot, unter Freunden den Laptop oder was auch immer zu reparieren.

»Weißt du, die Freundin des Bruders meiner Frau hat eine Schwester, die mit dem Cousin von Gary befreundet ist. Und Gary hat einen Computerladen im nächsten Dorf. Ich glaube, der braucht jemanden. Ruf ihn an.«

»Bei dem war ich schon, der braucht niemanden. Wirtschaftslage und so.«

»Ruf ihn einfach an und sag, dass du von Kevin kommst.« Er trank sein Bier in einem Zug leer. »Noch eins?«

Als ob die Erwähnung von Kevin irgendetwas nützte, wenn meine doch recht eindrucksvolle Präsentationsmappe nur ein müdes Lächeln hervorrufen konnte.

Jo war auch skeptisch, als ich ihr später davon erzählte. »Micha, das war ein Kneipengespräch!«, sagte sie. »Erinnerst du dich noch vage an Conor, unseren WG-Genossen? IT-Spezialist mit Verbindungen – dass ich nicht lache. Da wird nichts draus.«

Ich rief Gary, den irgendwie verwickelt bekannten Freund von Dingsda, am folgenden Tag trotzdem an. Viel zu verlieren hatte ich ja nicht.

»Hi, hier ist Micha. Kevin sagte mir, dass ich dich anrufen soll. Ich war zwar schon da, aber ...«

»Ach, der gute Kevin. Wie geht's ihm denn? Und was macht Orla?«

Keine Ahnung, wer Orla war. »Prima«, sagte ich, »alles bestens. Kevin wird wohl heute einen dicken Kopf haben, aber er hat's ja auch nicht leicht gerade.«

»Wohl wahr, wohl war. Kannst du heute Nachmittag rüberkommen? Ich ertrinke hier in Arbeit und morgen muss ich auf eine Beerdigung. Könnte einen Fachmann gebrauchen.«

Ertrinkt in Arbeit? Und was war das vor ein paar Tagen von wegen »Sorry, schlechte Wirtschaftslage und so?« Was soll's, Hauptsache ich hatte einen Fuß in der Tür.

Also fuhr ich rüber zu Gary, der mir diesmal kein gefroren freundliches Lächeln schenkte, sondern mich wie einen alten Bekannten begrüßte: »Micha! Schön, dass du gleich kommen konntest! Aber das ist nur zeitweise. Kann dir nichts versprechen. Geld nach Arbeitsstunden, um Steuern musst du dich selbst kümmern. Tasse Tee?«

Um Steuern kümmerte ich mich gerne selbst, mit allergrößten Freuden nach meiner Begegnung mit der dauergewellten Finanzbeamtin – solange ich von Gary eine Arbeitsbescheinigung bekam.

»Kein Problem«, meinte Gary. »Warst du in Ennis beim Finanzamt? Frag mal nach Bridget, das ist die Cousine meiner Frau. Die arbeitet da. Die regelt das schon.«

Mich wunderte nichts mehr.

Bereits am nächsten Tag fing ich nach einer kurzen Einführung an, während Gary auf der Beerdigung war. Ich war zwar nur für den Verkauf von Kabeln, Druckertinte, Kopierpapier und Radiergummis (doch wirklich!) verantwortlich und fürs Internetcafé, also für die drei Nischen mit Computern, aber hey, kleine Schritte und so.

Irgendwann kam die erste Kundin mit Laptop, der nicht so wollte, wie er sollte. »Ist Gary nicht da? Der kriegt ihn immer wieder hin.«

»Lass mal sehen«, sagte ich, »das kriegen wir bestimmt auch ohne Gary hin.« Ich schaute mir das Teil genau an. »Da ist aber ein heftiger Virus drauf. Das dauert und das kostet.«

»Gary macht das aber immer sofort, und er gibt mir auch immer einen Sonderpreis.« Die junge Frau war den Tränen nahe.

»Das ist aber ein Computershop, kein Basar. Gary hat auch eine Preisliste, da können wir keine Ausnahmen machen. Hier, schau mal.«

»Aber die ist doch nur für Fremde! Die gilt hier nicht im Dorf. Ich komme wieder, wenn Gary da ist. Vielen Dank auch.« Sie rauschte aus der Tür.

Ich stand da wie bestellt und nicht abgeholt. Unterschiedliche Preise für Einheimische und Fremde? Job nur auf Empfehlung von Freunden, Bekannten, Verwandten, nicht aufgrund von Qualifikationen? Verstehe einer die Verstrickungen im irischen Geschäftsleben.

Kommentar von: Shane

Glück gehabt, alter Junge! Manchmal ist es nämlich wirklich so, wie Jo sagt: Im Pub bei reichlich Gerstensaft wird vieles versprochen und nie gehalten. Richtig ist aber auch, dass du in Irland oft nur über persönliche Kontakte einen Job, einen Handwerker oder überhaupt irgendwelche Hilfe bekommst. Was meinst du, wie unsere Politik und Wirtschaft funktionieren? Und wieso das alles den Bach runterging?

In Irland denkt man im Kleinen. Wir sind ein Volk, das auf die *parish pump,* die Kirchturmpolitik, setzt. Das fängt bei Familie und Nachbarn an, setzt sich beim Gemeindepriester fort, weiter beim Stadt- oder Landrat und schließlich in der hohen Politik. Jeder will seine Schäfchen ins Trockene bringen und seine Wähler bei Laune halten. Schlecht für Außenseiter, muss ich zugeben, aber es hält die Gemeinden über Wasser.

Also unterschätze niemals ein Pubgespräch. So laufen hier die Geschäfte. Im Grunde sind wir wohl alle noch Viehhändler ...

Kommentar von: Tina

Micha, ich kann mir das richtig vorstellen, wie du in Anzug und Krawatte oder zumindest in frisch gewaschenen Jeans, bestem Hemd und ernstem Gesicht mit all deinem Qualifikationsgedöns in einen dörflichen Computerladen marschiert bist und glaubtest, dass alle Welt beeindruckt wäre.

Das interessiert in Irland niemanden außer die großen internationalen Firmen. In kleinen Klitschen, nicht nur auf dem Land, geht es in erster Linie darum, ob du ins Amigo-Schema passt, ob du »Stallgeruch« hast, also nicht wie ein Fremdling auftrittst, und ob alles *hunky-dory* ist, also ob sich die Zusammenarbeit problemlos gestaltet. Und das unabhängig von Qualifikationen. Deswegen gibt es auch so viele unqualifizierte Leute in den verschiedensten Positionen.

Also sei wachsam in deinem neuen Job, damit er in eine feste Anstellung übergehen kann: Akzeptiere Gary als Boss, belästige ihn aber nicht mit ständigen Entscheidungsfragen, bediene Verwandte und Freunde diskret unter der Hand und kümmere dich mehr um ein freundliches Miteinander der Menschen als um Kompatibilitäten auf technischer Ebene.

Klappt schon, glaub mir. Und lass deine Superqualifikation nicht so oft raushängen. Auch Radiergummis haben ein Recht auf Dasein.

Brown envelopes und das *Galway Tent*

Wer immer in Irland *brown envelopes* (braune Umschläge) oder das legendäre *Galway Tent* (das VIP-Zelt bei den Galway Races, dem Pferderennen in Galway) erwähnt, meint das Herz der politischen Korruption – und das Herzstück dessen, wie die irische Gesellschaft funktioniert: Jeder kennt jeden, jeder wäscht des anderen Hand und jeder schaut nach seinem eigenen Vorteil.

Die »braunen Umschläge« enthielten die Bestechungsgelder, die klammheimlich überreicht wurden, vornehmlich von Bauunternehmern an Politiker und Beamte oder von wem auch immer an wen auch immer. Das irische Bakschisch.

Das *Galway Tent* in Galways Ortsteil Ballybrit war bis 2008 unter der Ägide von Bertie Ahern, der als einer der korruptesten aller irischen Ministerpräsidenten gilt. Dort trafen sich unter dem Schirm des geselligen und zwanglosen Beisammenseins bei einem sportlichen Event all jene Macher und Mauschler, die auf Pferdehändlerbasis das Leben vieler einfacher Menschen und die Zukunft eines Landes zerstörten. Viele *brown envelopes* wurden dort ausgetauscht, viele Geschäfte abgeschlossen. Alle zum Wohle der Beteiligten, nicht zum Wohle des Landes und seiner Menschen.

8 *Up the Banner!*

Micha schreibt:

Mein Chef Gary ist ein begeisterter Fußballfan. Er unterstützt Manchester United und versäumt keine Übertragung im Fernsehen.

»ManU?«, habe ich gefragt, »Die sind doch englisch?«

»Macht nichts«, meinte Gary, »unsere eigene Mannschaft taugt nichts.«

Okay, das kann ich nachvollziehen. Wenn die Iren es überhaupt bis in ein Meisterschaftsspiel schaffen, dann eher in der Exotenliga. Was mich aber wundert, ist, dass es überhaupt keine kleinen Ortsvereine gibt oder wenigstens Betriebsgruppen, so wie damals in meiner Berliner Firma, wo die Jungs von der IT gegen die in der Buchhaltung spielten, samt Freunden, damit wir jeweils eine Elf zusammenbekamen. Hätte in Garys Computerladen ohnehin keinen Sinn, es wären ja nur Gary und ich, und aus dem Dorfpool bekämen wir nie und nimmer zweiundzwanzig Mann zusammen.

Neben seiner Liebe zu ManU ist Gary leidenschaftlicher Fan von gälischem Fußball. Und so fragte er mich neulich, ob ich nicht Lust hätte, am kommenden Sonntag mit zum Match nach Ennis zu kommen.

»Klasse«, sagte ich, »wer spielt?«

»Clare gegen Tipperary.«

»Aha«, grinste ich, »internationales Match, oder?«

Gary blickte mich böse an.

Am Sonntag machten wir uns also auf nach Ennis. Jo hatte keine Lust mitzukommen, drückte mir aber einen Einkaufszettel in die Hand, weil ich doch gleich beim großen Supermarkt vor Ort einkaufen könne. Der sei direkt neben dem Stadion. Was ich natürlich ablehnte. Männer gehen doch nicht zu einem Match, um dann einzukaufen!

Ennis war so proppenvoll, wie ich das Städtchen noch nie gesehen hatte. Wir erwischten einen der letzten Parkplätze vor dem Supermarkt und stürzten uns ins Stadiongetümmel.

Was heißt hier Stadion? Eher ein besserer Bolzplatz mit einer mickrigen Tribüne. Aber was soll's, die Stimmung war klasse, Gary trug ebenso wie die meisten anderen Zuschauer das gelb-blaue Trikot von Clare, ganze Familien waren da, alle hatten etwas in Blau und Gelb an.

Ein bisschen taten mir die Spieler der Gegenmannschaft leid, kein einziger Fan war gekommen. Doch ein Blick aufs Spielfeld belehrte mich eines Besseren. Alle Spieler trugen blau-gelbe Trikots.

»Äh«, sagte ich, »wie soll man die denn unterscheiden?«

»Na, die Gelben mit etwas Blau sind wir, die Blauen mit etwas Gelb sind die Tipps«, erklärte Gary.

Okay ...

Ich besorgte mir an einem der Stände eine Clare-Fahne. Irgendwie Farbe bekennen musste ich ja auch. Ich ließ meinen Blick übers Spielfeld schweifen. Das Tor sah ein bisschen eigenwillig aus: zwei sehr hohe Stäbe und unten ein winziges Törchen mit Netz. Dann ging's auch schon los.

»Up the Banner!«, brüllte Gary und strahlte.

Was für ein Banner? Ach so, klar, ich hielt meine Fahne hoch und versuchte, die Jungs mit überwiegend Gelb zu verfolgen. Mann, ist das Feld voll. Ein kurzes Durchzählen ergab achtundzwanzig Leute auf dem Platz plus zwei Torwarte. Und wie jetzt, die benutzen die Hände? Wir sind doch beim Fußball!

»Hand!«, rief ich und sprang auf.

Gary sah mich verwundert an. Ich setzte mich wieder.

»Up the Banner!«, schrie Gary erneut.

Ist ja schon gut, dachte ich, und schwenkte meine Flagge erneut.

Der Ball schien mir auch ziemlich klein zu sein. Und wie ist denn das Feld aufgeteilt? Und wieso rennen die alle immer so durcheinander? Mein Gott, spielen die schlecht!

Ob gälischer Fußball in etwa so funktioniert wie die irische Gesellschaft, also ohne Regeln, einfach wie Kraut und Rüben? Gerade als ich mein Fähnchen wieder sinken lassen wollte, brüllte Gary ein weiteres Mal: *»Up the Banner!«*

Kurzerhand drückte ich ihm die Flagge in die Hand, soll er sie doch selber hochhalten. Er schaute mich kurz an, dann steckte er sich den Fahnenstab in seine Hosentasche.

»Up the Banner!«

Ich muss sagen, ich war ziemlich verwirrt. Aber ich stellte alle Fragen zurück und genoss endlich mal wieder ein richtiges Mannschaftsspiel. Und Mann, war das spannend! Ich habe zwar nichts begriffen, aber es war einfach toll, sich die Kehle aus dem Leib zu brüllen und eine Mannschaft live zu unterstützen. Irgendwann schrie ich auch mit all den anderen: *»Up the Banner!«*

Clare hat übrigens das Match verloren, was aber niemanden allzu sehr zu kümmern schien. Keine Feindseligkeiten zwischen Hooligans, die es ohnehin nicht gab, keine dämliche Anmache oder bösen Blicke. Alle quasselten fröhlich drauf los, als sie sich gemächlich auf den Weg zum Auto oder ins nächste Pub machten. Gary und ich beschlossen, zu Hause ins Pub zu gehen, wo sich auch der Rest des Dorfs einfand, alle noch im Clare-Trikot, um das Spiel ausführlich zu sezieren.

Wenigstens das ist wie bei unserem Fußball in Deutschland.

Kommentar von: Shane

Ah, ein Match im Kleinstadtstadion. Wie ich das vermisse! In Irland werden die gälischen Sportarten, nämlich Hurling, Gaelic Football und Camogie, ziemlich ernst genommen und zwar von Kindesbeinen an. Da spielt Dorf gegen Dorf, County gegen County, Provinz gegen Provinz, es gibt Mannschaften für Knirpse, für größere Kids, für Jugendliche, für junge Erwachsene und schließlich für die Großen. Das ist stellvertretender Stammeskrieg, nur ohne Blutvergießen. Na ja, bei den Spielern vielleicht doch hin und wieder, besonders beim Hurling, was noch einen Zacken wilder ist als Gaelic Football.

Unsere gälischen Sportarten spielten schon die alten Kelten, als ihr auf dem Kontinent noch mit Äpfeln geworfen habt. So die Legende. Mag sein, dass die Sportarten sehr alt sind, aber eigentlich wurden sie erst wiederbelebt, als 1884 die *GAA,* die *Gaelic Athletic Association,* gegründet wurde und die Regeln festlegte. Das hatte nationalistische Hintergründe in einer Zeit, als Irland noch britische Kolonie war. Die *GAA* ist noch heute die mächtigste Sportorganisation der Insel und noch immer strikt nationalistisch orientiert. Das geht sogar so weit, dass bis vor wenigen Jahren alle *GAA*-eigenen Stadien, also fast alle Stadien überhaupt, nur für gälische Spiele genutzt werden durften. Das gab vielleicht einen Aufschrei, als erstmals im heiligen Croke Park, dem größten Stadion und natürlich in Dublin, ein Match des sehr britischen Rugbys stattfand. Dabei ist Rugby hier auch recht beliebt, wird aber eher als Sport der feinen Dubliner Gesellschaft betrachtet und von den meist älteren *GAA*-Anhängern verächtlich abgetan.

Warum sich die gälischen Mannschaftsspiele noch immer so großer Beliebtheit erfreuen? Es sind buchstäblich Volkssportarten, Profis gibt es nicht, jeder spielt für seinen noch so winzigen Heimatverein oder fürs County und nicht für Geld. Es gibt zwar die *GAA*-Stars und -Legenden, aber das sind keine hoch bezahlten Primadonnen wie im europäischen Profifußball, sondern kernige Gestalten mit festem Standbein im eigenen Club und natürlich im Pub.

Kommentar von: Tina

Also mit Sport habe ich nichts am Hut, wie ihr ja wisst. Wenn Tom mal wieder Fußball guckt, verziehe ich mich lieber mit Freundinnen in eine Kneipe oder mit einem Krimi ins Bett.

Aber lachen musste ich über deine Schilderung, dass du immer, wenn die Leute »*Up the Banner!*« schrien, dein Clare-Fähnchen hochgehalten hast. Das hat nämlich nichts mit »Fahne hoch« zu tun.

Fast jedes County, das etwas auf sich hält, und garantiert jede *GAA*-Mannschaft haben in der einen oder anderen Form einen Spitznamen. Clare ist das *Banner County.* Vermutlich stammt der Name von den vielen Unterstützern, die 1828 bei den Versammlungen von Daniel O'Connell, dem Führer der katholischen Emanzipation, in Clare das Banner gewissermaßen am höchsten hielten. Kann auch sein, dass der Gründer der *GAA,* Michael Cusack, aus Clare stammte. »*Up the Banner!*« ist schlichtweg ein Schlachtruf für Clare.

Ihr werdet noch mitkriegen, was es sonst noch für lustige County-Spitznamen gibt. Cork zum Beispiel ist das *Rebel County,* weil dort der Widerstand im Unabhängigkeitskrieg und nachfolgenden Bürgerkrieg am stärksten war (passenderweise tragen die Mannschaften Corks blut- bzw. revolutionsrot). Kerry ist *The Kingdom,* weil dort traditionell angeblich nach eigenen Gesetzen gelebt wird. Und Kilkenny sind die *Cats,* weil die wild wie Katzen kämpfen sollen. Deswegen heißt das berühmte Comedyfestival in Kilkenny auch *The Cat Laughs* (Die Katze lacht).

Gälischer Fußball, Hurling und Camogie

Gaelic Football ist, grob betrachtet, eine Mischung aus europäischem Fußball und Rugby. Ein Team besteht aus 15 Spielern. Der Ball ist etwas kleiner als ein üblicher Fußball, aber ebenso rund. Er kann mit Händen und Füßen geworfen bzw. gekickt werden, allerdings nicht beliebig: In den Händen darf er längstens für vier Schritte bleiben. Das Spiel wird nicht durch Tore, sondern durch Punkte entschieden. Einen Punkt gibt es, wenn der Ball über die Torlatte zwischen den beiden hohen Pfosten geschossen wird, drei Punkte gibt es, wenn der Ball ins Tornetz geht.

Hurling ist das älteste irische Spiel, das tatsächlich bereits die »alten Kelten« gespielt haben könnten. Verbürgt ist es jedenfalls seit etwa 2.000 Jahren. Das Spiel gilt als härteste Mannschaftssportart der Welt, bei der gerannt und zugeschlagen wird, was das Zeug hält. Ähnlich wie beim Hockey wird mit einem Eschenholzschläger mit gebogenem und breitem Ende, dem *hurley* oder auf Irisch *camán,* und einem kleinen Ball gespielt. Auch hier treten jeweils 15 Mann gegeneinander an. Der Ball kann mit dem Schläger vom Boden oder aus der Luft geschlagen werden. Man darf ihn sogar mit den Händen aufheben, aber auch hier nur für maximal vier Schritte. Die Torregeln sind dieselben wie beim gälischen Fußball.

Camogie ist das Hurling für Frauen und zwar mit fast den gleichen Regeln. Die Mädels sind – auch wenn es beim Camogie etwas weniger aggressiv zugeht – ähnlich knallhart wie die Jungs. Und genauso stolz.

9 Auf der Suche nach An Lár: Trip in den *Big Smoke*

Jo schreibt:

Ich brauche Großstadtluft. Und anständige Billy-Regale, meine selbst entworfene Regalkonstruktion ist etwas wackelig auf den Beinen. Und überhaupt brauche ich Shopping, Kultur, Multikulti – bin halt doch im tiefsten Inneren eine Großstadtpflanze und finde Erholung in Straßenlärm, Auspuffgasen und Menschengewühl. Nicht jeden Tag, sonst hätte ich in Berlin bleiben können, aber doch dann und wann. Also auf nach Dublin, und das in aller Frühe, um den Tag nutzen zu können.

Micha konnte ich nur überreden mitzukommen, weil ich von *Ikea* schwärmte, also von Lachs und Kaviar aus der Tube, Matjes aus dem Glas, frischen Hotdogs und vielleicht sogar Zimtschnecken. Es gibt nur zwei *Ikea* in Irland, eins in Dublin, eins in Belfast. Dublin liegt näher, also Micha ins Auto gepackt und ab in den Trubel.

Eigentlich ist es von uns im Norden Clares gar nicht weit. Es gibt ja die *motorways,* auch wenn Micha über die Mautgebühr alle naselang meckerte. Als wir uns nach gut zwei Stunden der Hauptstadt näherten, fühlte ich mich gleich an Berlin erinnert: Ringautobahn, Verkehr, Stau! Wir kreiselten ganz schön und waren schließlich schweißgebadet, als wir endlich im Norden der Stadt beim Schweden landeten.

Ikea war wie ein Nach-Hause-Kommen. Alles sah ganz genauso aus wie in Deutschland. Neben Billy-Regalen erstand ich einen schönen Schreibtischstuhl, Micha deckte sich derweil in der Nahrungsmittelabteilung mit einem Lebensvorrat an eingedostem Fischzeug und einer Riesenkiste Haferkekse ein.

Mit dem voll bepackten Auto in die Innenstadt zu fahren, war Micha zu riskant, nach allem, was er von Autoeinbrüchen in der Hauptstadt gehört hatte.

»Wir lassen das Auto auf dem *Ikea*-Parkplatz und nehmen den Bus. Ganz einfach. Keine Parkplatzsuche, keine hohen Parkgebühren, keine Gefahr. Oder?«

Gesagt, getan. Wir fragten uns zur nächsten Bushaltestelle durch, eine Plexiglaswand mit einem abgeschrägten schmalen Balken als Bank, auf der man noch nicht einmal richtig sitzen konnte, bestenfalls den Hintern ausruhen. Aber lange mussten wir ja hoffentlich nicht warten. An einem Pfosten hing ein Fahrplan mit Zeiten, aber ohne Haltestellen. So ganz klar war mir nicht, wann der Bus wo ankommen sollte. Wir warteten also.

Schließlich näherte sich ein Bus, wir stellten uns in Position, Leute stiegen aus, aber als wir einsteigen wollten, schüttelte der Busfahrer den Kopf, schloss die Türen und fuhr etwa 30 Meter weiter, wo er ausstieg und sich eine Zigarette anzündete. Wir guckten uns dumm an. Laut Fahrplan sollte der nächste Bus in 15 Minuten kommen – sofern wir die Zeiten richtig gedeutet hatten.

Der Bus erschien, allerdings hielt er diesmal noch nicht einmal, um Leute aussteigen zu lassen, sondern fuhr weiter, als hätte er seine Fahrgäste vergessen.

»Sollten wir nicht doch mit dem Auto …«, fragte ich zaghaft.

»Auf keinen Fall! Wir haben das doch besprochen!«

»Aber wir könnten doch in einem Parkhaus parken. Das ist doch bestimmt sicher.«

»Kostet zu viel. Außerdem kann das ewig dauern, bis wir eins gefunden haben. Oder warst du schon mal mit dem Auto in Dublin?«

Manchmal ist Micha ein richtiger Kleingeist.

Mittlerweile warteten noch weitere Leute an unserer Plexiglaswand. Und kurze Zeit später kam auch der Bus mit zigarettenpausierendem Fahrer in einer Kurve zurück, hielt an und schien nun bereit, Fahrgäste aufzunehmen. Erleichtert stiegen wir ein.

»Fahren Sie ins Stadtzentrum?«, fragte ich.

Der Busfahrer wies mürrisch auf das Schild vor seiner Windschutzscheibe. Da stand »An Lár«. Wo immer das ist.

»Dann fahren wir halt Richtung An Lár und steigen im Stadtzentrum aus«, meinte Micha und hielt dem Fahrer einen Fünf-Euro-Schein entgegen. *»Two tickets, please.«*

Der erste nicht lächelnde Ire, dem ich je begegnet war, schüttelte nur stumm den Kopf.

Ich lächelte mein schönstes Lächeln und fragte: »Wie viel kostet es für zwei Personen ins Stadtzentrum, bitte?«

Mit einem genervten Seufzer sagte der Busfahrer: »Vier neunzig. Keine Scheine.«

Unter den ungeduldigen Blicken der anderen Fahrgäste kramten wir Münzen hervor, die wir auf Fingerzeig des Fahrers in einen Kasten an der Fahrersitzabsperrung warfen.

»Da sind ja die Berliner Busfahrer freundlicher«, grummelte Micha.

Die Fahrt dauerte ewig. Wir fuhren durch endlose Vorstädte und an genauso vielen Haltestellen vorbei. Wo zum Teufel war An Lár? Wo würden wir enden? Es hatte was von einem kleinen Abenteuer. Irgendwann erkannte Micha eine Sehenswürdigkeit, die wir eindeutig dem Stadtzentrum zuordneten: das Trinity College und die Statue der Molly Malone. Wir stiegen also in der Westmoreland Street aus und standen etwas dämlich in einem riesigen Verkehrschaos.

»Eigentlich würde ich ja gerne das *Guinness Store House* besuchen. Gib mir mal den Stadtplan.«

Typisch Micha.

»Hm, ist ein bisschen weit weg. Laufen ist mir jetzt zu anstrengend, und bis der nächste Bus kommt ... Aber wir könnten uns im Trinity College das Book of Kells anschauen.«

»Ach, da sieht man eh nicht viel, immer nur eine Seite, hab ich gelesen. Außerdem sind da Menschenmassen. Ich will jetzt erst mal einen Kaffee und dann Läden angucken.« Wenn schon in Dublin, dann richtig Großstadt. Außerdem wurde es allmählich spät. Wir hatten ja noch ein ganzes Stück Fahrt bis nach Hause vor uns.

Cafés gab es reichlich, auch Läden, aber überall war es so voll, dass wir beide bald erschöpft waren und uns nur noch in unser kleines, ruhiges Dorf zurücksehnten.

»Hast du dir die Busnummer gemerkt?«, fragte Micha.

Klar hatte ich das. Nur wo fährt der ab? An der Haltestelle, an der wir ausgestiegen waren, hielten immer nur Busse nach An Lár.

Micha fragte den erstbesten Passanten: »Wo fährt bitte der Bus zu *Ikea* ab?«

Der guckte uns nur verständnislos an. Micha holte den Stadtplan heraus und wies auf Ballymun und *Ikea.*

»Ah, *Aikia!*« Der Mann führte uns freundlicherweise direkt zur Haltestelle, wo schon etliche Leute standen.

»*Aikia.*« Micha schüttelte grinsend den Kopf. »Auf die Idee muss man erst mal kommen, dass die das englisch aussprechen.«

Diesmal hielten wir das Fahrgeld abgezählt bereit, und als wir endlich ausgelaugt von der langen Fahrt im Schneckenbus am *Ikea*-Parkplatz ankamen, waren wir froh, endlich wieder in unserem Auto zu sitzen und uns aus der Großstadt entfernen zu können.

Es wurde schon dunkel, als wir uns unserem Dorf näherten.

»Sag mal, Jo«, setzte Micha an, als wir in unsere Straße einbogen, »ich würde ja gerne mal wissen, wo dieses An Lár eigentlich liegt. Ich grüble schon die ganze Zeit. Steht das auf dem Stadtplan?«

»Nö, habe ich nirgends gefunden.«

»Komisch. Muss aber doch ziemlich belebt dort sein, wenn alle Busse dahin fahren. Nächstes Mal schauen wir uns An Lár mal an, abgemacht?«

Kommentar von: Tina

An Lár! Ich lach mich kaputt. Ihr wart doch mittendrin, habt ihr das nicht gemerkt? Ihr seid richtige Landeier geworden, oder? An Lár ist irisch und heißt schlichtweg »Stadtzentrum«. »City Centre« steht zwar auf manchen Strecken und auf moderneren Bussen noch zusätzlich drauf, aber verlassen würde ich mich nicht darauf. Die Angabe besagt zwar nicht, wo genau im Stadtzentrum ihr landen werdet, aber so viele Haltestellen gibt es dort ja nicht. Und zur Not könnt ihr auch noch ein paar Schritte laufen.

Auf die Busfahrpläne braucht ihr euch nicht zu verlassen. Die sind gewissermaßen nur eine Richtlinie, dass in bestimmten Zeitabständen ein Bus fahren könnte. Zur angegebenen Zeit kommen die höchst selten, manchmal kommen auch zwei oder drei Busse gleichzeitig, was dazu führt, dass der erste Bus voll besetzt ist und der letzte nahezu leer – weil alle in den ersten einsteigen. Manchmal kommt auch ewig gar kein Bus.

Busse halten, wie ihr gemerkt habt, nicht automatisch an jeder Haltestelle, nur wenn sie herangewinkt werden oder wenn Fahrgäste aussteigen wollen, was sie signalisieren müssen. Und ja, das Fahrgeld muss abgezählt in den schwarzen Kasten am Fahrersitz geworfen werden, der Fahrer hat kein Wechselgeld. Das ist eine Vorsichtsmaßnahme und stammt aus der Zeit, als in manchen Gegenden Busse überfallen wurden. Der Fahrgeldkasten ist daher gesichert.

Wer von den stets freundlichen Iren schwärmt, dem empfehle ich wärmstens einen Tag in Dubliner Bussen auf verschiedenen Strecken. Da wird das Klischee schnellstens relativiert. Dubliner Busfahrer sind notorisch mürrisch. Das darf man nicht persönlich nehmen.

Dublin ist zwar relativ klein, aber für eine Besichtigung solltet ihr euch trotzdem etwas mehr Zeit nehmen. Das geht nicht auf einem Kurzausflug. Macht euch beim nächsten Mal einen Plan, nehmt euch eine Sehenswürdigkeit nach der anderen vor oder lasst euch einfach einen Tag im Zentrum treiben, um ein Gefühl für die Stadt zu bekommen. Ohne Besichtigungsdruck werdet ihr dann bestimmt auch An Lár entdecken.

Kommentar von: Shane

Die Dubliner sind alle Muffelköppe. Das hätte ich euch auch gleich sagen können. Ihr wisst ja, dass ich ursprünglich aus Cork stamme, *Rebel County,* erinnert ihr euch? Mit uns Corkonians können die Dubliner, die *Jackeens,* wirklich nicht mithalten. Warum sie *Jackeens* heißen? Das ist so: Dublin war und gilt noch immer als dichter an Großbritannien als der Rest der Insel und ist angeblich englischer als jede andere Stadt Irlands, oftmals eher als Imitation britischer Lebensart als Ausdruck wirklichen britischen Lebensgefühls. Deswegen werden die Dubliner im Rest des Landes oft verächtlich *Westbrits* genannt. Weniger abwertend ist da die Bezeichnung *Jackeens.* Das kommt vom britischen Union Jack, den sie angeblich so gerne schwenkten, als Dublin einst als eine der großen britischen Hauptstädte galt. Was heute natürlich Unsinn ist. Aber alte Namen bleiben ewig kleben hier in Irland.

Dublin war schon immer die Hauptstadt Irlands, jedenfalls seit die Engländer hier die Macht übernahmen. Noch heute halten sich die Dubliner zum Teil für etwas Besonderes und blicken auf den Rest des Landes mit Verachtung hinab. Alle, die nicht aus Dublin stammen, sind die *culchies,* ein Wort, das sich aus genuscheltem *agriculture,* Landwirtschaft, herausgebildet hat, also Landeier. Dabei sind viele Dubliner letztlich ebenfalls Landeier. Ihr solltet mal am Freitagabend sehen, wie viele Dubliner heim zur Familie gurken und am Sonntagabend wieder zurück in die Hauptstadt fahren. Insofern ist Dublin kosmopolitisch, falls man ganz Irland als den Kosmos schlechthin bezeichnen kann. Was die Iren, na ja, also wir gerne tun.

Ansonsten solltet ihr bei spontanen Großstadtgelüsten einfach nach Cork fahren. Erstens sind wir die wahre Hauptstadt Irlands, nämlich durch und durch irisch und nicht von *Westbrits* durchsetzt, zweitens sind wir traditionell weltoffener, weil wir ja schon immer eine direkte Seeverbindung mit Frankreich hatten, nicht zuletzt deshalb haben wir auch die besseren Restaurants, und drittens sind wir Corkonians viel netter als die Dubliner. Ich mein ja nur ...

10 *Chugger*-Alarm!

Jo schreibt:

Letzten Samstag sind wir an fast jeder Ecke beraubt worden – oder es wurde zumindest versucht. Micha und ich sind nach Ennis gefahren, um einen richtigen Großeinkauf zu machen und uns auch mal in den Nebenstraßen umzutun und den einen oder anderen interessanten Laden zu entdecken. Landeier auf Stadtfahrt, auch wenn Ennis im Vergleich zu Dublin eher ein Großdorf ist.

Es war ein sonniger Tag, alle Welt schien sich im Städtchen zu tummeln, was bei den engen Einkaufsstraßen zu manchen Rempeleien und tausendfachem *sorry* führte. An jeder Ecke und vor jedem Laden hockten oder standen Leute, die für irgendetwas Geld sammelten. Nein, keine Bettler, sondern Wohltätigkeitssammler für Obdachlose, Rückenkranke oder Krebsgesellschaften, Afrika, Fußballclubs (Micha nun wieder: »Da hilft auch kein Geld mehr.«) oder was auch immer. Und überall Straßenmusiker.

Nun war es nicht so, dass die Wohltäter da einfach nur warteten, bis jemand etwas Kleingeld in ihre Büchse warf. Im Gegenteil, sie traten auf jeden zu, der ihren Weg kreuzte, selektiv vermutlich, weil so viele Leute hier herumschwirrten. Uns jedenfalls quatschten sie dauernd an und gaben sich auch nicht mit einem freundlichen »Nein danke« zufrieden. Einer folgte uns ein ganzes Stück lang und quasselte auf mich ein.

»Wir sammeln für die Alzheimer-Gesellschaft. Das kann uns alle treffen. Deine Eltern, Großeltern und auch dich. Spende?«

Ich schüttelte nur den Kopf und wollte weitergehen, da hielt er mich am Ärmel fest. »Wenn du nicht genug Bargeld dabei hast, wir nehmen auch die Kontonummer, dann kannst du per Dauerauftrag jeden Monat etwas überweisen. Ganz einfach.«

Mir fiel fast die Kinnlade runter.

Micha drehte sich um: »Kontonummer? Ja, geht's noch? Ich gebe doch nicht irgendeinem Fremden meine Kontonummer, damit der sich fröhlich bedienen kann! Wenn ich euch allen meine Kontonummer gäbe, könnte ich bald selbst betteln gehen.« Und stürmte davon.

»Halt, so ist das doch nicht!«, rief der Typ. »Hier ist mein Ausweis.«

Aber wir waren schon auf und davon. Micha schüttelte noch immer den Kopf und grummelte, dass sich jeder am Computer so einen Ausweis basteln könne, als ihm wieder eine Büchse unter die Nase gehalten wurde.

»Gesellschaft für Autismus! Tausende Kinder leiden an ...«

»Nicht anfassen«, sagte Micha bierernst, »ich bin Autist.«

Der Mann guckte vielleicht blöd, ich kicherte.

Endlich waren wir vor *Dunnes Stores* angelangt. Doch auch dort standen gleich zwei Leute direkt vor dem Eingang. Diesmal sammelten sie für eine Brustkrebsgesellschaft und hielten allen, die in das Einkaufszentrum wollten, ihre Büchsen unter die Nase. Ich schüttelte wieder einmal den Kopf und drängte mich an ihnen vorbei. Dabei waren die ja noch relativ unaufdringlich.

Den Hauch eines schlechten Gewissens verspürte ich schon. Schließlich opferten die Leute ihre Freizeit, um für eine gute Sache zu sammeln. Aber es war einfach zu viel des Guten.

Im Supermarkt war die Hölle los. Samstag eben, Familieneinkaufstag. Es gab bestimmt zwanzig Kassen, und an allen hatten sich lange Schlangen gebildet, überall übervolle Einkaufswagen. Wirtschaftskrise? Wohl nicht bei allen. Hinter den Kassen warteten Leute, auch Kinder, die beim Einpacken halfen, was ich nett fand. Toller Service.

Als wir an der Reihe waren und ich unsere Stoffeinkaufstaschen bereithielt, griff sich der Junge unter dem wohlwollenden Lächeln seiner Mutter – oder wer auch immer die Frau war – bereits eine Plastiktüte und begann in Windeseile einzupacken. Ich kriegte fast die Krise: Zuerst pfefferte er das weiche Toastbrot in die Tüte, dann Eier und Bananen, als Nächstes die Kartoffeln und Dosentomaten, den dicken Blumenkohl knallte er obendrauf. Ja können die denn nicht packen? Das Toastbrot ist Fladenbrot, bis wir nach Hause kommen, Bananen und Eier Matsch! Ich versuchte noch freundlich einzugreifen, aber der Junge war mit so viel Eifer bei der Sache, dass ich es nicht übers Herz brachte, ihm die Tüten aus der Hand zu reißen. Ich beschloss, gleich in der Passage umzupacken.

Mein Wohlwollen wurde jedoch bald gedämpft, als ich den Plastikeimer sah, den mir der Junge unter die Nase hielt, mit einem selbst gemalten Aufkleber mit den Daten irgendeiner

Schule und der *GAA*. Aha. Von wegen Service! Auch wieder eine Wohltätigkeit – aber für was?

»Für unsere Fahrt zum Hurling-Match in Kilkee«, strahlte er.

»Komm«, sagte Micha auf Deutsch, »wahrscheinlich um den mitfahrenden Eltern das Bier zu zahlen.«

Ich fand das etwas zynisch und warf pflichtbewusst ein paar Münzen Wechselgeld in den Eimer.

»Danke«, strahlte der Junge so überzeugend, dass man ihm trotz mangelnder Einpackkenntnisse nicht böse sein konnte.

Land der Wohltäter

In Irland gibt es Tausende Wohltätigkeitsorganisationen, manche seit Langem etabliert und mit gutem Ruf, manche aus dubiosen Gründen ins Leben gerufen, andere wiederum mit gutem Willen, aber ohne Erfolg, und zahlreiche nur, weil welche Sache auch immer steuerbegünstigt ist.

Wohltätigkeit ist eine Tradition in Irland, einer ehemaligen Kolonie, in der staatliche Fürsorge in einem fremdbestimmten Land eher unbekannt war – und noch ist. Eine Tradition, die auch auf die kommunale Kleinteiligkeit zurückgreift, als jeder Clan und jedes Dorf sich um seine eigenen Angelegenheiten zu kümmern hatte.

Die Bereitschaft der Iren, auch für ferne Armut oder Probleme zu spenden, liegt vielleicht auch daran, dass das Land in seiner Geschichte Elend und Hunger selbst erlebt hat und deswegen gibt, was es zu geben hat, zumindest auf individueller Seite. Das allerdings mag auch eines der Probleme sein, warum sich kein ernstzunehmender Sozialstaat entwickeln konnte: Die Regierung verlässt sich in vielen sozialen Angelegenheiten auf die Spendenbereitschaft der Bevölkerung.

Kommentar von: Tina

Das ist ja noch harmlos, was du da beschrieben hast. Da habe ich in Dublin und Limerick schon Schlimmeres erlebt. Auf der Straße kann man den Leuten ja noch entkommen. Die meisten kriegen es ohnehin mit, wenn man eine abweisende Haltung einnimmt. Ihr wart da einfache Ziele, weil ihr euch immer noch wie unwissende Ausländer bewegt.

Schlimmer ist es, wenn die Leute an der Haustür klingeln und wie aufdringliche Vertreter nicht locker lassen. Das passiert vor allem in Großstädten. Da hilft oft auch kein striktes Nein mehr. Manche der Jungs sind wirklich charmant und wahre Überredungskünstler, aber was Spenden angeht, lasse ich mich nicht überrumpeln. Und schon gar nicht, wenn ich von der Arbeit zurückkomme und eigentlich nur noch relaxen will.

Micha hat das schon richtig gemacht, auch wenn es sich brutal anfühlt. Aber wenn ihr euch tatsächlich aus lauter Höflichkeit auf ein Gespräch einlasst, dann endet ihr garantiert mit einem noch schlechteren Gewissen und kommt nie zum Einkaufen. Oder habt kein Geld mehr dafür.

Wenn ihr spenden wollt, sucht euch die Wohltätigkeitsgesellschaft aus, die ihr wirklich aus ganzem Herzen unterstützen möchtet. Und zwar direkt, nicht über die *chugger*.

Kommentar von: Shane

Oh, come on, Tina, ein bisschen Unterstützung für all das Elend der Welt muss schon sein. Wusstet ihr, dass Irland Weltmeister für Spendensammlung ist? Wir sind, pro Kopf gerechnet, die hilfsbereiteste Nation der Welt.

Was ihr da beschreibt, das sind, wie Tina schon sagt, *chugger*, was mit freiwilligem Engagement im Zeichen der Wohltätigkeit nun gar nichts zu tun hat. Die würden auch für »Luxusvillen für Banker« sammeln, wenn sie dafür bezahlt würden. Oder, eher unwissentlich, für ein 100.000-Euro-Gehalt für einen Vorsitzenden einer Organisation. Auch schon vorgekommen.

»Chugger« habt ihr noch nie gehört? Das Wort setzt sich aus den Begriffen *»charity«* (Wohltätigkeit) und *»mugger«* (Straßenräuber) zusammen, also eine Art Wohltätigkeitsstraßenräuber. Es sind, wie gesagt, keine freiwilligen Helfer für eine gute Sache, sondern bis auf wenige Ausnahmen bezahlte Geldsammler, die je nach Einnahme entlohnt werden. Deswegen sind sie auch so penetrant. Jeder Zahler bringt eine Provision. Der neueste Trick ist tatsächlich die Sache mit den Bankkonten oder mittlerweile sogar Kreditkarten. Immer mehr Ladeninhaber wehren sich gegen die aggressive Vorgehensweise der *chugger*.

Und was die Kids oder auch viele Erwachsene an den Supermarktkassen angeht: Jeder versucht ein paar Cents zusammenzukratzen. Der Staat fördert in Irland nicht alles, viele Aktivitäten müssen selbst finanziert werden. Da kann sogar eine Fahrt zum Match ins nächste Dorf ins Geld gehen.

Und denkt immer daran: Zahllose Schulen werden von der Kirche oder von religiösen Orden geführt. Die geben, wenn es sich vermeiden lässt, kein Geld für eine vernünftige Ausstattung ihrer Institutionen oder für Schüleraktivitäten aus, die pflegen eine Tradition der Wohltätigkeit anderer, lassen also

z. B. die Eltern zahlen oder die Kinder sammeln, auch wenn die Kirche selbst ein Vermögen besitzt. Da ist doch ein zu Fladenbrot gepresstes Toastbrot nur ein kleines Opfer. Oder?

Die Pop-*chugger:* Bob und Bono

Die Ikonen der irischen Wohltätigkeit kommen aus dem Pop-Geschäft. Bob Geldof, der Sänger der legendären Boomtown Rats, war einer der Organisatoren des Superkonzerts Live Aid 1985, durch das schätzungsweise 100 Mio. Euro für die Hungersnot in Äthiopien eingenommen wurden. Wie viel tatsächlich in die Hungerhilfe floss, ist bis heute umstritten.

Bono hingegen, der Frontman von U2, spricht sich zwar weltweit für den Kampf gegen Armut aus, glänzt aber v.a. im Rampenlicht – und auf Fotos – mit den Politikern dieser Welt und lässt sich als Wohltäter feiern. Mit Unmut verfolgen die Iren, dass er sein Pop-Geschäft ins Ausland verlegt hat, um Steuern zu sparen, aber dennoch jedwede Regierung öffentlich aufruft, mehr von den Steuergeldern für den Kampf gegen Armut einzusetzen. Was in einem Irland, das unter massiven Schulden und Arbeitslosigkeit leidet, in der Bevölkerung verständlicherweise nicht so gut ankommt.

11 Das Glück der Unglücklichen

Jo schreibt:

Hat jemand hier ein wirklich gutes Rezept gegen Kater? Mein Kopf schmerzt, mein Knie ist steif, und ich habe eine Platzwunde an der Stirn. Ich möchte mich nur noch verkriechen.

Dabei war es eine so großartige Nacht. Aisling, meine alte WG-Genossin, rief mich überraschend an und fragte, ob ich nicht Lust hätte, in Ennis beim *TradFest,* einem kleinen Musikfest, mit ihr um die Häuser zu ziehen. Ich könnte auch bei ihr in unserer alten Bleibe übernachten.

Wie hatte ich so einen richtigen Mädelsabend vermisst! Ich machte mich also stadtfein, anders als fürs Dorf, wo ich meist nur in gemütlichen Jeans, Pulli und flachen Tretern rumlief. Also rein in die Röhrenjeans und die hochhackigen Stiefeletten, Glitzertop angezogen und Wimpern dreifach getuscht. Micha setzte mich bei Aisling ab und los ging's.

Wir zogen also von Pub zu Pub, das Guinness schmeckte immer besser, die Männer wurden immer charmanter, und ich verlor den Überblick, wie viel ich überhaupt getrunken hatte. Alle Pubs in Ennis waren brechend voll, überall gab es Livemusik, die Rundenschmeißerei nahm kein Ende.

Spät nachts wurden wir von mächtigem Postalkoholhunger geplagt. An allen Frittenbuden standen ewig lange Schlangen, aber irgendwann kicherten wir uns an einer bis zum Tresen vor und ergatterten jede eine Tüte *chips* und einen Hamburger. Um uns herum orangefarbenes Licht, das alles in einen unheimlichen, kranken Nebel hüllte, unebene, sehr schmale Bürgersteige, Autos kreuz und quer geparkt, wankende Menschen, darunter wir.

Aisling sang vor sich hin, noch voll mit der Musik aus den Pubs und auch mundvoll mit Pommes frites, was ihrer Stimme ein gewisses Etwas verlieh. Ich sang mit, mit zurückgelegtem Kopf – und stolperte über meine eigenen Füße. Im letzten Versuch, meine Pommes zu retten, stützte ich mich nicht ab, hielt die blöde *chips*-Tüte hoch und fiel flach auf den Bürgersteig. Oh verdammt! Mein Knie und mein Arm schmerzten, die Stirn blutete, aber wenigstens waren die Pommes noch alle beisammen.

»Alles in Ordnung?«, lallte Aisling und probierte, mich hochzuziehen.

»Mir tut alles weh«, sagte ich weinerlich und rappelte mich auf. »Meine Jeans sind am Knie zerrissen, ich glaube, ich sterbe.«

»Perfekt«, sagte Aisling, »das bringt Geld. Aber ansonsten bist du in Ordnung?«

»Wieso bringt das Geld? Ja, ich bin in Ordnung. Halbwegs zumindest. Ich will jetzt einen Tee und meine Ruhe.«

In der Küche schlürfte ich meinen Tee, und Aisling redete begeistert auf mich ein, während ich schweigend litt: »Du verklagst jetzt die Stadtverwaltung auf Schadenersatz.«

Ich guckte dumm. Was hat die Stadt mit meinem betrunkenen Sturz zu tun? Ich hatte meine hochhackigen Stiefel an, einige Pints intus, versuchte dämliche Fritten zu retten und bin letztlich über meine eigenen Füße gestolpert.

»Nee«, sagte Aisling, »der Bürgersteig war uneben und daher nicht sicher. Das ist die Verantwortung der Behörden. – Ist deine Nase gebrochen? Oder dein Knie? Das wäre super. Hast du ein solches Trauma, dass du für die nächste Zeit nicht arbeiten kannst? Leidest du unter unsäglichen Schmerzen? Wir suchen nächste Woche einen Rechtsanwalt, und du klagst auf Schmerzensgeld.«

Ungläubig starrte ich sie an. »Bist du nicht in erster Linie, äh, Krankenschwester, Aisling?« Anstatt mich zu verarzten, redet die von Klage und Schmerzensgeld?

Ich war froh, als Micha mich am nächsten Tag abholte. Kamillentee, Aspirin, ein paar Pflaster und ein bisschen liebevolle Pflege taten Wunder. Nur der Kopf, das Knie und die blöde Müdigkeit ...

Kommentar von: Tina

Hättest du mal! Also geklagt. In meiner Straße lebte ein älterer Herr, immer sehr schick angezogen, in einem gepflegten Haus, der stets mit seinem Stock spazieren ging. Kein echter Gehstock, eher ein Accessoire für Gentlemen. Meine frühere Nachbarin Joan in Limerick, eine offene und distinguierte ältere Dame, hatte nichts als Verachtung für ihn übrig: »Der ist zweimal vom Auto angefahren worden, dreimal von der Leiter gefallen, hat einmal in einem Bus gesessen, der heftig bremsen musste, wobei er sich ein ›Schleudertrauma‹ einfing, ist mindestens fünfmal auf Bürgersteigen gestolpert und als Kind einmal an einem öffentlichen Strand fast ertrunken. Der lebt von Schmerzensgeld.«

Mann, manchmal hätte ich mir auch gewünscht, ich hätte mir die Nase gebrochen, wenn ich dafür Zehntausende einkassieren könnte – und eine neue Nase bekommen hätte …

Irland, ein wahres Schmerzensparadies!

Nur andersherum musst du aufpassen, dass auf deinem Grund und Boden keiner ausrutscht, z. B. wenn ihr eine Party gebt. Die könnten dich verklagen – und das wird teuer.

Kommentar von: Shane

Regt euch nicht auf, Leute. So einfach kriegt man hier keine Entschädigung mehr. Zugegeben, die Haltung, für jedes Missgeschick auf Schadenersatz zu klagen, ist in Irland eine Epidemie. Das muss ein Virus in anglofonen Ländern sein oder: Alles was aus den USA kommt, wird hier gerne aufgegriffen. Hier klagt jeder, dem ein Missgeschick passiert, ob er sich nun an einem Stück Fisch im Restaurant verschluckt, einen Autounfall hat, über einen Stein stolpert oder beim Tanzen in einer Disco ausrutscht. Schuld sind immer die anderen. Schon gehört, dass es in den USA den Fall gab, dass eine Person McDonald's verklagen wollte, weil sie wegen des Fast Foods zu fett geworden war? Hallo? Ein Wunder, dass in Irland noch niemand wegen seines Bierbauchs die Guinness-Brauerei verklagt hat.

Immerhin haben bereits ein paar Soldaten der irischen Armee den Staat verklagt, weil sie nach einem Friedenseinsatz im

Libanon unter posttraumatischer Belastungsstörung litten. *By the way:* Sie waren freiwillig im Libanon, in Irland gibt es nicht einmal eine Wehrpflicht.

Rechtsanwälte greifen solche Fälle gerne auf, weil daran viel zu verdienen ist. Es gibt sogar eine Menge, die sich auf *personal injuries,* also auf Personenschadensklagen spezialisiert haben. Geklagt wird nicht nur, um die Kosten für den aktuellen Schaden ersetzt zu bekommen, sondern auch wegen der »Unannehmlichkeiten«, die der Schaden verursacht hat, wie eingeschränkte Lebensfreude, ständige Müdigkeit oder Arbeitsausfall.

Was deinen kleinen Unfall angeht, mag es zwar sein, dass die Stadtverwaltung den Bürgersteig hätte in Ordnung halten müssen, aber für deine Füße, deinen Promillegehalt und deine Pommesrettungsaktion bist du selbst verantwortlich. Da hättest du nichts rausschlagen können.

Und was das Anti-Kater-Rezept angeht: Ein Tag im Bett, viel Wasser und Schlaf reichen da ganz bestimmt aus.

12 Keltische Träume *oder:* Massenhaft Einsamkeit

Jo schreibt:

Bevor der Herbst bald so richtig einsetzt und alles in ein Grau taucht, wollten wir uns noch einen schönen Spätsommertag machen und durch die Landschaft gondeln. Könnt ihr euch vorstellen, dass wir es bislang kein einziges Mal geschafft hatten, mit etwas Ruhe die irischen Naturschönheiten anzugucken? Wir hatten einfach zu viel um die Ohren, uns hier zurechtzufinden, einzuleben und zu arbeiten. Eine Pause hatten wir uns nun redlich verdient. Wir packten also einen Picknickkorb und ein paar Klamotten ein für den Fall, dass wir irgendwo übernachten wollten.

Unser erstes Ziel waren die Cliffs of Moher, die berühmten Klippen, von deren Rand an klaren Tagen Amerika zu sehen ist. Ja, ich weiß, dass die Erde rund ist, aber der Gedanke, dass jenseits des unendlich weiten Atlantiks eine ganz andere Welt liegt, durch nichts von unserer getrennt als durch Wasser, ist schon schwindelerregend. Ich stellte mir vor, wie Micha und ich am Klippenrand stehen würden, dort, wo schon keltische Krieger in die Ferne blickten, wie der Wind in unseren Haaren spielen und wir einfach die Majestät eines einsamen Augenblicks genießen und spüren würden, wie eine jahrtausendealte

Landschaft uns mit der Ewigkeit verbindet. Die Klippen! Welch grandiose Landschaft!

Auf der Küstenstraße lief der Verkehr recht zähflüssig. Es war ja auch Wochenende, aber die Menge an Bussen und Autos erschien mir dennoch gewaltig. Als wir endlich unser Ziel erreicht hatten, hatten wir Mühe, einen Parkplatz zu finden. Und als wir eine geschlagene Viertelstunde später einen Platz ergattert hatten, wurden wir massiv zur Kasse gebeten.

Fünf Minuten später standen wir vor einer weiteren Kasse.

»*Twelve euros*«, sagte der Herr mit der Brille und lächelte freundlich.

»Äh, wofür jetzt schon wieder?«, fragte Micha.

»Na, für den Eintritt«, antwortete der Mann.

»Ach so«, sagte ich, »kleines Missverständnis. Wir wollen gar nicht in dieses Haus, das *visitor centre*. Wir wollen uns nur die Klippen angucken.« Schon stiefelte ich los.

»Hey«, rief der Herr uns nach. »Zwölf Euro kostet der Zugang zu den Klippen!«

Ich wollte gerade den Mund aufmachen, als Micha bereits die Geldbörse zückte. Niemals wären wir auf den Gedanken gekommen, dass die Felsen Eintritt kosten, dass man nicht einfach über Feldwege stapft und am Rand der Klippen völlig mit der Natur und der Unendlichkeit verschmilzt. Lacht nicht!

Was uns dann erwartete, war noch eine Spur frustrierender. Auf dem gepflasterten Weg zur Abbruchkante der Klippen begegneten uns Menschenmassen wie an einem Samstag in der Schlossstraße in Berlin. Es war ein Drängeln und Schieben, dass ich fast Panik bekam. Der Klippenrand war von einer

Mauer umzäunt, an der an jedem Meter Menschen klebten und auf die Klippen rechts und links blickten. Wir hatten Mühe, gegenseitig von uns ein Foto zu machen, auf dem es halbwegs nach Einsamkeit aussah. Den Rest hat Micha dann später am Computer wegretuschiert. Das Besucherzentrum sparten wir uns. Da waren das Gedränge und der Lärm noch größer.

Wir waren enttäuscht, setzten uns ins Auto und fuhren weiter nach Norden Richtung Fanore. Die Küstenstraße war fantastisch: links der Atlantik, rechts das graue Gestein der Karstlandschaft des Burren.

»Und zwischendurch viele rote Tupfer von Touristen in Anoraks«, grinste Micha.

»Wir sind auch Touristen. Und meine Allwetterjacke ist auch rot«, erwiderte ich trotzig. Ich war fest entschlossen, den Ausflug zu genießen.

Schließlich parkten wir am Strand von Fanore, ein herrlich großes Stück goldgelber Sand, einigen schwarzen Felsen und sanft schäumenden Atlantikwellen. Ideal für ein Picknick. Es gab zwar auch hier eine Menge Leute, aber die verloren sich eher auf der breiten Fläche. Wir zogen uns die Schuhe aus und liefen durch den weichen Sand auf der Suche nach einem geeigneten Plätzchen.

»Autsch!«, schrie es plötzlich hinter mir, und als ich mich umdrehte, sah ich einen fluchenden Micha im Sand sitzen und seinen Fuß inspizieren.

»Ein blöder Dosenverschluss. Mensch, wer schmeißt denn hier seinen Müll weg!«

Ich verarztete seinen Fuß (frau hat immer ein Pflaster in der Handtasche) und blickte mich um.

»Igitt, eine Babywindel! Und Bierdosen und Plastikschachteln!« Ein riesiger Haufen Abfall türmte sich hinter einem Felsen, als hätte eine ganze Sippe dort Picknick gemacht und einfach alles liegengelassen. Dabei sind weiter oben am Strand Mülleimer.

Nach einigem Suchen fanden wir schließlich ein sauberes Plätzchen ganz am Rand vom Strand und weit weg vom Zugangsweg, aßen unsere Schinken-Käse-Sandwiches und taten so, als hätten wir wirklich ein Stück Einsamkeit in Irland entdeckt. Wir durften nur nicht nach links schauen, wo lärmende Jugendliche Fußball mit leeren Bierdosen spielten.

»Stell dir einfach vor, es wären keltische Kinder, die mit Schädeln von Menschenopfern spielen.« Micha war in sarkastischer Laune.

Nach unserem Strandintermezzo wollten wir noch den Burren sehen mit seinen alten Ringforts und dem Poulnabrone Dolmen, der so einsam auf dem grauen Karstfeld steht. Ich stellte mir die Stille vor, die seit Jahrtausenden auf diesen Kalksteinfeldern herrscht, die Menschen, die einst diese Monumente errichtet hatten, die Erhabenheit heiliger Orte ... Ich weiß, ich fantasiere wieder. Aber erst Imagination erfüllt Orte mit Magie, oder?

Ich brauchte wirklich viel Imagination, als wir am Dolmen ankamen. Zwei Reisebusse standen in der winzigen Parkbucht – mir schwante Fürchterliches. Es gab einen gepflegten Eingangsbereich zum Dolmengelände, eine Erklärungstafel und einen Weg, auf dem sich wieder die Massen drängten.

Zwei Reiseleiter versuchten sich gegenseitig mit ihren Erklärungen für ihre jeweiligen Schäfchen zu übertönen, die Leute selbst schwatzten, lachten und knipsten. Es ging zu wie auf einem Schulhof in der großen Pause. Endlich sahen wir den majestätischen Dolmen.

»Toll«, sagte Micha. »Ein Haufen grauer Felsbrocken, umringt von bunten Anoraks.«

»Aber kannst du dir nicht vorstellen, wie einst hier Begräbnisrituale stattfanden? Wie eine Hohepriesterin oder ein Druide hier Ehrfurcht vor den Toten beschwor?«

»Doch, kann ich mir sehr gut vorstellen. Würde jetzt ein Druide auftauchen, würde er die quasselnden Massen in einen großen Kessel werfen und opfern«, meinte Micha trocken.

Wenigstens war das Gebilde etwas höher als die meisten Menschen: Auf aufrechten Steinen ruhte eine gigantische Felsplatte, drum herum nur graues Burren-Gestein, eine Kargheit, die so atemberaubend sein könnte ... Ich hielt meine Kamera über die Köpfe der anderen, um ein Stück vom Dolmen einzufangen. Das Foto löst bei Micha noch immer Lachkrämpfe aus, weil nur eine graue Platte, ein grauer Himmel und am unteren Rand ein paar windzerzauste Haarschöpfe zu erkennen sind.

Wir beschlossen, uns nun wirklich in die Einsamkeit des Burren zu begeben, und fuhren weiter durch die Gegend, bis wir einen Feldweg entdeckten, der ins Nichts zu führen schien. Endlich!

»Hier findest du bestimmt deine Druiden und Kelten und die Einsamkeit der Jahrtausende«, spöttelte Micha, als er mit mir ausstieg und sich seine Regenjacke zuknöpfte.

Etwa zehn Minuten hatte ich Zeit, mir vorzustellen, wie einst keltische Könige und Krieger in dieser herrlichen Abgeschiedenheit aus endlosen grauen und windumtosten Steinplatten auf ihren Rössern in ihre Burg ritten ...

»Guck mal, Kelten«, grinste Micha. Eine Gruppe Wanderer kam uns entgegen, etwas aus der Puste, aber fröhlich schnatternd. Sie winkten uns freudig zu.

»Wunderbar hier, nicht?«, rief einer. »Himmlisch einsam! Nur ein Pub fehlt noch – wir sind am Verdursten!«

Die Truppe lachte und marschierte weiter.

Und hinweg stoben meine keltischen Ritter in den Nebel meiner Träume ...

Kommentar von: Tina

Das hat sich schon arg verändert an den Cliffs of Moher. Damals, als ich in Limerick lebte, gab es den neuen Riesenparkplatz und das hypermoderne Besucherzentrum noch nicht, auch keine Absperrung. Ich bin gerne im Winter hingefahren, wenn kein Mensch dort war, die Kassenhäuschen geschlossen waren und die ganze Gegend noch jenen ungezähmten Charakter hatte, den wir an Irland alle so lieben.

Die Klippen sind eine Hauptattraktion im Westen Irlands, da wollen alle Geld dran verdienen. Der Bau des neuen Besucherzentrums und der Klippenabsicherung war höchst umstritten. Die ganze Angelegenheit kostete um die dreißig Millionen Euro, was die meisten Leute für eine Verschwendung hielten. Die Besucher kamen ja ohnehin, ob mit oder ohne schickem

Besucherzentrum, und bis sich der Bau amortisiert hat, können Jahre ins Land gehen.

Die neue Absperrung durch Steinplatten ist wohl sinnvoll, weil es immer wieder zu Selbstmorden kam. Romantischer Tod im Anblick der majestätischen Klippen und des endlosen Atlantiks? So romantisch ist das nicht, wenn der Körper auf den spitzen Felsen unten zerschellt, oder? Und wer springen will, springt auch über die Mauer. Wenigstens ist die Gefahr von Unfällen, die durch den rutschigen Klippenrand passierten, eingedämmt.

Einsamere Klippen findet ihr übrigens weiter im Süden bei Kilkee. Die sind zwar nicht ganz so spektakulär, aber dafür garantiert frei von Besucherzentren, Eintrittsgeldern und Touristenmassen. Noch.

Abgesehen davon habt ihr euren Besuch auch ein wenig falsch getimt, vor allem um den Poulnabrone Dolmen zu besichtigen. Touristen gibt es zwar fast immer, aber die Busladungen sind meist nur tagsüber dort. Am besten ist es also, sich ganz früh am Morgen oder am sehr späten Nachmittag oder aber im Winter dorthin zu begeben. Das gilt übrigens für alle Natursehenswürdigkeiten.

Kommentar von: Shane

Meckert nicht so über die Touristen! Die sind schließlich ein wichtiger Wirtschaftsfaktor für Irland, und wir können wirklich jedes Wirtschaftsfaktörchen gebrauchen. Es ist doch überall so, dass sich touristische Einrichtungen dort ansiedeln, wo es Touristen hinzieht. Schließlich wollen die irgendwo schlafen, essen, Souvenirs kaufen, parken und auf keine Bequemlichkeit verzichten.

Klar hat man das bei den Klippen etwas übertrieben, was auch wir Iren nicht so toll finden. Aber gibt es das nicht überall? Wenigstens wurden wir vom Ballermann verschont, dem miesen Wetter sei Dank!

Enttäuschungen eurer romantischen Vorstellungen werdet ihr wahrscheinlich noch öfter erleben. Irland verkauft Träume. Ob unberührte Natur, bunte Städtchen, idyllische Dörfer und lauter fröhliche und gut aussehende Menschen – so taucht Irland in den Werbebroschüren und -filmen auf. Und alle, die zum ersten Mal nach Irland kommen, erwarten ein (besucherloses) Disneyland der Naturverbundenheit. Ihr habt ja schon ein paar Realitäten im Alltag erlebt, aber das touristische Irland setzt zuweilen noch einen drauf.

Es gibt sie aber noch, die Gegenden in Irland, die wirklich dem Traum entsprechen, wenn man sie nur sucht. Hoch im Norden zum Beispiel, in Donegal, oder in den Nationalparks und Naturschutzgebieten oder einfach nur um die Ecke auf einem kleinen Feldweg, wo sich bestenfalls die Einheimischen tummeln. Müsst ihr aber selbst herausfinden, und ich wette, dass ihr das dann auch keinem weitersagt.

Landschaft aus Pflastersteinen: der Burren

Der Burren ist eine in Irland einzigartige 250 km^2 große Karstlandschaft aus grauem porösem Gestein, Kalkstein, die sich optisch fast wie eine einzige Fläche aus groben Pflastersteinen mit Hügeln und Tälern im Norden Clares erstreckt. Zwischen den Kalksteinplatten gedeiht eine Flora, teils mediterran, alpin oder sogar arktisch, die ebenfalls einzigartig in Irland ist, zarte, wunderschöne Blumen und Gräser, die im Frühjahr den Burren mit leuchtenden Farbtupfern überziehen. Unterirdische Flüsse haben ein weit verzweigtes und weitgehend unerforschtes Höhlennetz geschaffen, nach starkem Regen entstehen *turloughs,* Seen, die plötzlich auftauchen und genauso plötzlich wieder verschwinden.

Eine der größten Attraktionen des Burren sind die zahllosen archäologischen Stätten, nämlich Dutzende neolithische Steingräber, Hunderte Steinforts, etliche Ruinen von frühchristlichen Kirchen, mittelalterlichen Turmhäusern und Burgen. Die Gegend mag zwar wie eine Mondlandschaft aussehen, kann aber auf eine jahrtausendealte Besiedlungsgeschichte zurückblicken – was ihr tatsächlich jene Magie verleiht, die sich all denen erschließt, die außerhalb der touristisch erschlossenen Sehenswürdigkeiten suchen.

13 Pappbecher, Cola-Dosen und andere Naturerscheinungen

Micha schreibt:

Das Leben auf dem Land gefällt uns immer besser – und wir müssen noch nicht einmal irgendwohin fahren, um schöne Spaziergänge in unberührter Natur zu genießen. Sie liegt quasi direkt vor unserer Haustür.

Letzten Samstag machten wir uns nachmittags wieder auf unseren vertrauten Weg: die Auffahrt raus, ein Stück die selten befahrene Landstraße entlang und dann in einen Feldweg, der bestenfalls von Bauern mit ihren Traktoren oder Kühen benutzt wird.

Wir marschierten die schmale Straße entlang, genossen die Ruhe und den Sonnenschein, als ein Auto an uns vorbeirauschte – und aus dem Beifahrerfenster einer dieser Kaffeepappbecher flog, die es in Supermärkten gibt.

»Das gibt's doch nicht«, sagte Jo und blieb abrupt stehen.

Wir schauten uns an und schüttelten unisono den Kopf.

»Schmeißen die einfach Müll in die Landschaft!« Ich hob den Becher auf, um ihn später zu entsorgen.

Hinter der nächsten Straßenkurve sahen wir drei Jugendliche ein Stück vor uns herlaufen, zwei Jungen und ein Mädchen. Da fiel ein Schokoladenpapier auf den Boden, gefolgt von einer

Serviette und schließlich einer Cola-Dose, die Jo direkt vor die Füße rollte.

»Hey!«, rief sie. »Ihr habt da was verloren.«

Die drei drehten sich um und guckten nur blöd.

»Nee«, sagte schließlich einer und spuckte grinsend seinen Kaugummi aus.

»Habt ihr wohl.« Jo bückte sich und drückte ihm die Dose in die Hand. »Hier.«

Ich schaute schweigend zu. Wenn Jo auf Umweltmission ist, sollte man sich besser raushalten.

Der Junge nahm die Dose und marschierte mit den beiden anderen kichernd und quatschend weiter, wir mit einigem Abstand hinterher.

»Na, geht doch«, murmelte Jo.

Die Kids bogen in den Feldweg ab, den wir auch vorhatten zu nehmen. Ehrlich gesagt wäre ich diesmal lieber geradeaus weitergelaufen, damit Jo von ihrem Beobachtungstrip runterkäme.

»Nix da! Wollen wir doch mal sehen, was die mit der Dose machen.« Jo war wild entschlossen.

Also wir hinterher. Und prompt lag an der nächsten Ecke die Cola-Dose.

»Jetzt reicht's!« Jo griff sich die Büchse und lief im Eilschritt den drei Gestalten hinterher. »Hey!«, rief sie erneut. »Ihr wisst schon, dass es strafbar ist, Müll in die Landschaft zu werfen, oder?«

Das Mädchen in der Gruppe nahm Imponierhaltung ein: »Wer seid *ihr* denn?«, drehte sich um und stolzierte davon. Die Jungs hinterher.

Doch Jo gab nicht auf. »Wie wär's, wenn ich all euren Müll einsammle und in den Garten eurer Eltern werfe?« Sie hielt das perplexe Mädel an der Schulter fest und stopfte ihr die Cola-Dose in die Handtasche.

»He!« Wütend griff das Mädchen in ihre Tasche, holte die Dose heraus und wollte sie mit ausgestrecktem Arm gerade über den Weidezaun werfen, als einer der Jungs beruhigend eine Hand auf ihren Arm legte. »Komm, lass die doch.«

Widerwillig trabte das Mädchen mit ihren beiden Begleitern weiter, nicht ohne noch einen bösen Blick über ihre Schulter zurückzuwerfen. Auch ich packte Jo am Ärmel und bestand darauf umzukehren. Ebenso widerwillig ließ sie sich von mir mitziehen. Ein letztes Mal drehte ich mich um und sah gerade noch, wie das Mädchen die Dose in hohem Bogen auf die Weide schleuderte und lachte. Ich schwieg.

Erst eine Viertelstunde später spürte ich, wie meine Muskeln sich entspannten und meine Wut langsam verrauchte. Der aufgesammelte Pappbecher, den ich noch immer in meiner Hand hielt, war mittlerweile zerknüllt.

Kommentar von: Tina

Das ist normal, kein Grund zur Aufregung. Irgendwann wächst über alles Gras, buchstäblich. Die Archäologen in fünfhundert Jahren werden sich freuen und unsere Zeit als eine reiche Zivilisation einstufen.

Im Ernst, zu meiner Irlandzeit hingen sogar überall in den Bäumen Plastiktüten. Ich hatte anfangs geglaubt, dass das eine tiefere Bedeutung hätte. Aber nein, es waren einfach Einkaufstüten, die man in jedem Laden für jedes noch so kleine Fitzelchen umsonst erhielt. Wurden die einfach weggeworfen und flogen anschließend mit dem Wind davon oder flatterten sie von den Mülldeponien herüber? Es waren immer diese leichten, dünnen Plastiktüten, die sich unbeschwert und unbeaufsichtigt davonmachten.

Was haben die Leute in den Läden und an der Kasse dumm geschaut, als ich mit meinen Stoffbeuteln antrat. Der beste Kommentar war noch: »Das ist aber sehr praktisch.« Ich jedenfalls kam mir wie ein Exot vor. Irgendwann habe ich dann andere Deutsche beim Einkaufen daran erkannt, dass sie Tüten oder Stofftaschen mitbrachten.

Das änderte sich allerdings gewaltig, als 2002 eine Plastiktütensteuer eingeführt wurde. Jetzt kosteten die Tütchen plötzlich Geld, und siehe da, alle brachten ihre eigenen Einkaufstaschen mit. Der Plastiktütenverbrauch ging tatsächlich um 90 Prozent zurück. Heute verkauft jeder größere Supermarkt seine eigenen Stoff- oder robusten Plastiktaschen, die wieder verwendet werden können. Das hindert aber die Leute nicht daran, ihren Müll frei zu entsorgen, solange sie nicht erwischt werden. Umweltbewusstsein ist keine große Sache in Irland.

Wie ich es von Deutschland kannte, habe ich auch in Irland zunächst meinen Hausmüll getrennt – schön ordentlich nach Papier, Glas, Plastik, Kompost und Restmüll. Allerdings gab es nur eine einzige Hausmülltonne, wo letztlich alles drin verschwand. Mir ging das so gegen mein deutsches Umwelttraining, dass ich schier verzweifelt bin. In meinem letzten Jahr in

Irland wurden dann Recyclingtonnen eingeführt, wo aber auch alles auf einmal reinkam. Wie die die unterschiedlichen Abfallarten wieder auseinanderklamüsert haben, ist mir bis heute ein Rätsel. Wahrscheinlich wurde ohnehin alles in dieselbe Müllgrube geworfen.

Kommentar von: Shane

Als ich vor Jahren nach Berlin zog, haben sich erst einmal alle meine Vorurteile gegenüber Deutschen bestätigt, zumindest die, dass sie obsessiv mit Müll umgehen: In meiner ersten WG wurde der Müll penibel getrennt, im Hinterhof standen Container für jedes verwertbare Fitzelchen bereit, auf Glasflaschen und Getränkedosen gab's Pfand, und an allen U- und S-Bahnhöfen fanden sich verschiedenfarbige Abfalleimer für unterschiedliche Müllarten brav in einer Reihe. Und Aschenbecher! Ich dachte, die spinnen, die Deutschen.

Heute schätze ich das. Und die Sache mit dem Pfand finde ich auch ziemlich gut. Nicht nur weil es dadurch weniger Müll gibt und die Leute gezwungen sind, ihren Krempel ordentlich zu entsorgen, sondern weil es auch irgendwie Spaß macht, die Pfandsachen zurückzubringen und dafür Geld zu bekommen. Würde die irische Regierung das einführen, gäbe es, da bin ich mir sicher, bald kaum noch Bierflaschen und Cola-Dosen auf den Straßen.

Ich muss zugeben, dass wir Iren es mit der Umwelt nicht so recht ernst nehmen. Vielleicht seid ihr, Jo und Micha, ja auch bei euch auf dem Land schon auf ein Autowrack gestoßen, halb verborgen im Dornengestrüpp? Oder auf alte Öltanks in einem Waldstück? Früher wurde einfach alles in der Natur entsorgt, solange es niemand sah, außer vielleicht ein paar einheimische Spaziergänger.

Heute ist das nicht mehr ganz so einfach, weil die Leute doch ein bisschen darauf achten, jedenfalls wenn es um die großen Müllentsorgungen geht. Schlimmer ist hingegen, dass vor allem ältere Menschen oder auch manche ignorante Zeitgenossen auf dem Land und manchmal auch in der Stadt ihren kleinteiligen Müll im Kamin verbrennen oder größere Mengen im Garten, einfach um Geld und Mühe zu sparen. Müllabfuhr ist teuer in Irland.

Das ist mittlerweile verboten, was aber nichts ändert. Wir haben das immer so gemacht, heißt es dann. Dank der Atlantikwinde ist die Luft ja meistens recht klar, und der Dreck weht irgendwohin, weit weg, wo es einen nichts mehr angeht. Traurig, aber wahr.

Wasserprobleme auf einer nassen Insel

In Irland gibt es reichlich Wasser, vom Himmel, in Bächen, Flüssen und Seen. Irland ist eine einzige durchfeuchtete Insel, wo Regen Dauerzustand zu sein scheint. Deswegen war Wasser bis zur Einführung der Wassergebühr Anfang 2015 für Privathaushalte auch umsonst, was dazu führte, dass das Nass hemmungslos verschwendet wurde.

Doch Irland ist trotz allen Anscheins kein wasserreiches Land. Wasser ist nur oberflächlich auf einer Insel vorhanden, deren Erdschicht auf dem Grundfels relativ dünn ist und daher nicht genug auf Dauer speichern kann. Das Wasser fließt in zahllosen Bächen ab zu größeren Flüssen und schließlich ins Meer oder es sammelt sich in Moorlandschaften. Etliche Häuser auf dem Land haben zwar ihre eigene Quelle, aber ob das Grundwasser dank der oft unkontrollierten Überdüngung in der Landwirtschaft und der zahllosen privaten Klärgruben wirklich genießbar ist, steht auf einem anderen Blatt.

Die Wasserversorgung in den Städten und Dörfern kann zudem wirklich bedenklich werden. Die Kläranlagen und Leitungen sind veraltet, und zwar so sehr, dass bereits Alarmstufen ausgerufen wurden, wenn Hochwasser oder eine brüchige Leitung zur Kontaminierung mit Krankheitserregern wie E. coli führten. In solchen Fällen wurde die Bevölkerung mit Wassertanks versorgt.

Auch der Geschmack des Trinkwassers lässt zu wünschen übrig. Entweder ist es überchlort, überkalkt oder schmeckt sonst wie unangenehm. Wer sich unsicher ist, sollte daher jegliches Wasser vor dem Trinken abkochen. Und auch wenn es teurer ist, lohnt es sich, im Restaurant nicht das Tafelwasser oder in Unterkünften das Leitungswasser zu trinken, sondern sich Flaschenwasser zu kaufen. Im eigenen Haus tun es auch Wasserfilter.

Ob die neue Wasserabgabe tatsächlich zur Sanierung der gesamten Wasserversorgung führt, bleibt dahingestellt. Vermutet wird eher, dass die Regierung ausschließlich ihre Steuereinnahmen erhöhen will – wie sie es bereits mit einer neuen Abgabe für private Klärgruben getan hat: Grubenbesitzer müssen lediglich zahlen, werden aber nicht gezwungen, ihre uralten Klärgruben zu sanieren oder ganz aufzugeben.

14 Schlimmer geht immer

Jo schreibt:

Es gibt Tage, da läuft wirklich alles schief. Das fängt ganz klein an: Erst schüttete es eimerweise vom Himmel, und ob ich's wollte oder nicht, ich musste raus, um im Dorfladen ein paar Notwendigkeiten zu besorgen. Mit meiner triefnassen Regenjacke stand ich schlotternd an der Kasse und meinte beiläufig: »Mistwetter aber auch.« Wie man das halt in Irland so sagt.

»Ja«, antwortete die Frau an der Kasse und strahlte mich an, »ist schon etwas nass. Aber: *It could be worse.*«

Was könnte schlimmer kommen?, fragte ich mich und marschierte mit meiner Einkaufstasche in den Regen hinaus. Der Henkel riss, und die Milch, die Teebeutelpackung und die Zitronen kullerten auf den patschnassen Bürgersteig. Ich fluchte und sammelte alles wieder ein.

Ein älterer Mann bückte sich und lächelte mich an: »*You'll be grand* (Keine Sorge, alles okay). Ist doch nichts kaputt gegangen. *It could be worse.*«

Klar, grummelte ich auf dem Heimweg vor mich hin. Wenn einem der Himmel auf den Kopf fällt, das wäre vielleicht schlimmer.

Zu Hause machte ich mir einen Tee und setzte mich an den Computer. Ein letzter Blick auf den fertigen Text und ab damit ins Verlagsbüro. Nichts. Gelbes Warndreieck im E-Mail-Programm. Die Internetverbindung war zusammengebrochen, nicht zum ersten Mal. Ich rief also den Betreiber an und fragte, was los sei.

»Ach, dauert nur ein paar Minuten, wir überholen das Netz gerade. Ist nur eine Kleinigkeit, haben wir bald im Griff. *Don't worry, it could be worse.*«

Nach Stunden – verbracht mit Küche putzen, Wäsche waschen, Schreibtisch aufräumen und was man sonst so macht, wenn es kein Internet gibt – klappte es endlich und meine Stimmungskurve zeigte wieder nach oben. Bis Micha nach Hause kam.

»Das Auto spinnt, startet erst nach etwa zwanzig Versuchen. Weißt du, was Cyril, der Mechaniker, sagte? Besser nach ein paar Minuten als gar nicht. *It could be worse.*«

Ich musste dann doch lachen, und weil der Tag so schön daneben war, überredete ich Micha, uns im Pub einen Trosttrunk zu genehmigen.

Am Tresen hing die übliche Truppe herum. Der alte Phil war gerade mittenmang in einer Tirade über die Auftragslage als freiberuflicher Lastwagenfahrer. Seit kaum noch etwas gebaut wird, verdient auch er nichts mehr. Micha bestellte ihm solidarisch gleich noch ein Bier und fragte, wie er denn zurechtkäme.

»Ach«, sagte Phil, »ich habe beschlossen, hinten im Garten ein Kartoffelfeld anzupflanzen. Nichtstun ist nichts für mich. Irgendwas kommt schon wieder. *It could be worse.*«

Ich redete derweil mit Maggie, die gerade ihren Job aufgegeben hatte, um ihre alte demente Mutter zu pflegen, und jetzt von der Stütze lebt. Maggie ist noch nicht so alt, vielleicht Anfang vierzig. Ob es nicht deprimierend sei, ohne eigenen Job und eigenes Leben dazustehen, fragte ich sie.

»Nee«, meinte sie, »kommt teurer, weiterzuarbeiten und das Pflegeheim für meine Mutter zu zahlen. Außerdem ist sie meine *mammy.* Ist schon blöd, ich vermisse meine alten Kollegen und die Arbeit, aber: *It could be worse.*«

Was könnte schlimmer sein?, fragte ich mich und grübelte eine Weile. Mir ging das ständige *»It could be worse«* gehörig auf die Nerven. Sind die Iren denn durch gar nichts zu erschüttern? Können die nicht einfach mal sagen, dass irgendwas absolut Murks und Schiet ist?

Nach zwei weiteren Bieren hatte ich eine meiner glänzenden Guinness-Ideen: »Leute, ich muss euch was sagen: Ich habe eine tödliche Krankheit und meinen Job verloren, wir müssen morgen unser Haus aufgeben und unter Brücken leben. Micha will mich verlassen, weil er eine zwanzigjährige reiche Blondine kennengelernt hat, und das Finanzamt will mich ins Gefängnis werfen. Na?«

Eine Sekunde lang herrschte absolute Stille. Dann prustete die ganze Truppe unisono los: *»It could be worse!«*

Kommentar von: Shane

Ihr Deutschen ärgert euch zu oft. Punkt.

Ärger, Sorgen und schlaflose Nächte ändern doch nichts, wenn Dinge schieflaufen. Dann lebt man eben damit und hofft auf das Beste. Die kleinen und auch großen Malaisen des Alltags sind Teil des Lebens, nichts funktioniert so wie geplant. Daran ist nichts zu ändern, also nehmen wir das Leben einfach so, wie es kommt.

Na gut, diese Haltung war nicht immer zu unserem Vorteil. Wie sonst hätten wir die berühmten achthundert Jahre Fremdherrschaft ertragen – ja, so lange dauert es manchmal, bis uns der Geduldsfaden reißt. Und wieso ertragen wir noch immer die Regeln einer antiquierten Kirchenpolitik, die uns stets einzubläuen versucht, unser Päckchen zu tragen und uns gleich noch mehr Pakete aufzubürden, wo wie gerade so schön dabei sind? Und wieso haben wir uns über all die Jahrzehnte – und tun es noch immer – mit einer politischen Riege abgegeben, die ahnungslos vor sich hinwurschtelt und sich darauf verlässt, dass wir alles einfach so hinnehmen? *It could be worse?* Glaube ich in diesem Fall nicht.

Deswegen bewundern wir klammheimlich die Franzosen, die bei jeder politischen Entscheidung sofort auf die Barrikaden gehen. So scheint es jedenfalls hier jenseits des Wassers. Oder auch Deutsche, die so etwas wie eine Bürgerbewegung haben. Wutbürger? Wir doch nicht. Wozu auch? *We'll be grand* – wird schon alles gut gehen.

Wir singen lieber Lieder des Widerstands, als tatsächlich Widerstand zu leisten. Aber dafür hängen wir nicht am Tresen und versinken mit hängenden Mundwinkeln in Selbstmitleid. Wir sind noch am Leben und haben Humor. Alles andere könnte schlimmer sein.

Kommentar von: Tina

Ach Shane, du ewig optimistischer Ire! Dafür lieben wir euch, aber dafür möchte ich die ganze Nation auch am liebsten einmal richtig durchschütteln.

Wenn ihr so viel Humor habt, wie kommt es dann, dass es in Irland so viele Selbstmorde gibt, gerade unter jungen Männern? Dass Depression eine Volkskrankheit ist, und das trotz eures Fatalismus? Ihr schluckt einfach zu viel runter, verdrängt alles Unangenehme und zeigt der Welt eine freundlich lächelnde Oberfläche, die so tut, als wäre alles bestens.

Und komm mir jetzt nicht wieder mit eurer kolonialen Vergangenheit oder dem staatlich manifestierten Einfluss der Kirche. Klar hat man den Iren eingetrichtert, dass alles im grünen Bereich ist, solange sie tun, was man ihnen sagt. Klar seid ihr eine junge und vor allem kleine Nation, die vielleicht noch nicht gelernt hat, sich selbstbewusst gegen Obrigkeiten zu stellen. Und erzähl mir jetzt nicht, dass das wieder sehr deutsch sei. Wir hatten diese Diskussionen oft genug in Berlin.

Aber in einem hast du recht: Wir Deutschen ärgern uns zu oft über Kleinigkeiten und glauben, dass alles im Leben reibungslos zu verlaufen hat. Dieses Sorgen und Ärgern macht, wie du sagst, nur hängende Mundwinkel – und Falten.

Es muss eine Art Karma sein, dass es eben diese miesepetrigen Deutschen ausgerechnet nach Irland zieht, ein Land, in dem sie irgendwann lernen müssen, dass alles immer schlimmer kommen könnte – und dass das wiederum nicht schlimm ist.

15 Der Mann in Schwarz und Jesus in Rosa

Jo schreibt:

Eine unserer nächsten Nachbarn sind John und Mary, ein älteres Ehepaar, dem wir bislang nur auf der Straße oder im Laden auf einen freundlichen, aber belanglosen Schwatz begegnet sind. Sie sind die Art von Menschen, die man sich als liebevolle Großeltern vorstellt.

Nach einiger Zeit des vorsichtigen Herantastens fragte mich Mary neulich, ob wir nicht am Sonntagnachmittag auf ein Tässchen Tee vorbeikommen wollten. Ich sagte begeistert zu. Bislang wurden wir noch von keinem unserer Nachbarn oder Bekannten nach Hause eingeladen. Man trifft sich halt im Pub auf neutralem Boden.

Micha hatte eigentlich keine Lust mitzukommen. Ihm liegen solche gestelzten Kaffeekränzchen, wie er es nennt, nicht besonders. Aber alleine wäre mir das zu anstrengend gewesen und absagen wollte ich auch nicht. Micha musste also mit.

Wir zogen uns etwas förmlicher an – »Alles, bloß keinen Schlips!«, maulte Micha – und klopften kurze Zeit später an die Tür des propperen Bungalows. Mary öffnete sofort, als hätte sie uns bereits hinter der Tür erwartet, und geleitete uns freudestrahlend ins Wohnzimmer.

Uns gefror das Lächeln.

Die lachsfarbenen Wände waren über und über mit Heiligenbildern und Fotos von Priestern, Nonnen und sogar mit irgendeinem Papst darauf behängt. Und auf fast allen Bildern war dieselbe rundliche, rotwangige, weißhaarige Gestalt im schwarzen Gewand abgebildet. In der Ecke des Raumes stand auf einem Tischchen eine riesengroße Jesusstatue auf einem Spitzendeckchen. Nee, keine schöne Kirchenkunst, sondern eine grässliche Gipsfigur in Rot, Rosa und Gold, die aussah, als wäre sie in China von subversiven Taoisten gefertigt worden, die sich mit westlichen Heiligen ein Späßchen erlaubt haben.

Inmitten von diesem Religionskitsch saß auf dem bequemsten Sessel eine rundliche, rotwangige, weißhaarige Gestalt in schwarzem Gewand. Verdutzt schaute ich von dem Wesen im Sessel zu den Fotografien und wieder zurück zur Gestalt, die glückselig lächelte. Ob das Lächeln des Mannes etwas mit unserer Ankunft, seiner Nähe zu so viel Göttlichkeit, dem Likörchen auf dem Sofatisch oder dem Schokoladenkuchen auf seinem Teller zu tun hatte, war nicht ganz klar.

»Das ist mein Bruder«, strahlte John, »Father Paul. Er ist Gemeindepriester in Donegal und gerade auf Besuch. Das sind Jo und Micha, unsere neuen Nachbarn.«

Wir nickten freundlich, nicht ganz sicher, wie man einen Priester begrüßte.

Father Paul lächelte noch entrückter, wenn das überhaupt noch möglich war. »Hallo, wie geht's, habe schon viel von euch gehört, setzt euch doch, frischer Tee kommt gleich, nicht wahr, Mary?«

Mary huschte in die Küche. So viel Information in einem Satz, das war wohl der Übung vom Predigen geschuldet.

Wir setzten uns aufs Sofa, mit Blick auf Jesus. Micha konnte seine Augen nicht abwenden. Ich fürchtete schon, dass sein mit fassungslosem Staunen erfüllter Blick allzu offensichtlich wäre, und kickte ihm dezent an den Fuß.

Irgendwie wussten wir jetzt nicht weiter. Wie macht man Small Talk mit einem Priester und seiner frommen Familie? John wenigstens fing an, vom Wetter zu reden. Das klappt immer, ist ja auch immer so wechselhaft, dass es genug Redestoff gibt. Also: das Wetter, der Regen, der anstehende Winter, und wie es früher war und wie es in Donegal ist und dass das Kirchendach in unserem Dorf dringend eine Reparatur benötigt.

»Ah«, warf Father Paul ein, »eure Kirche! Ist sie nicht wunderschön? John wird ein Komitee gründen, um für das Kirchendach zu sammeln. Unser John ist da immer sehr engagiert.«

»Kuchen?«, fragte Mary, die zu meiner Erleichterung just mit einer neuen Kanne Tee eintrat. »Habe ich heute selbst gebacken. Father Paul liebt Schokoladenkuchen!«

»Sieht man auch«, murmelte Micha auf Deutsch und erntete damit einen weiteren Kick an seinen Fuß.

»So«, setzte Father Paul wieder an, nachdem alle mit Tee und Kuchen versorgt waren. »Wie fandet ihr denn die Messe heute Morgen? Mein Kollege Father Dougal ist zwar noch ein junger Spund, aber predigen kann er, nicht wahr?«

Micha stopfte sich schnell eine zweite Gabel vom Kuchen in den Mund und gestikulierte, dass er gerade nicht antworten könne, der Feigling. Blieb mal wieder alles an mir hängen. Ich blickte auf den chinesischen Jesus in der Hoffnung auf eine Antwort.

»Ach«, warf John ein, »die jungen Leute haben es bestimmt noch gar nicht geschafft, zur Messe zu gehen. Müssen sich noch einrichten und einleben, nicht wahr?« Er blinzelte mir zu, als wüsste er, dass wir niemals vorhatten, in die Kirche zu gehen.

»Eigentlich«, bequemte sich Micha zu sagen, nachdem er seinen Kuchen endlich runtergeschluckt hatte, »also, eigentlich sind wir gar nicht religiös. Genau genommen finde ich, dass die Kirche eine Menge Fragen zu beantworten hat.«

Ein weiterer Kick an den Fuß.

»Ich meine«, korrigierte sich Micha, »es gibt so viele unbeantwortete Fragen, und die muss man ja, also irgendwie, ich meine ...« Jetzt blickte *er* auf Jesus von Tao, der aber weiterhin rosafarben ins Nichts grinste.

»Wie lange seid ihr denn schon verheiratet?«, warf Mary beiläufig ein, während sie erneut Tee nachschenkte.

»Gar nicht«, sagte ich diesmal etwas selbstbewusster. »Wir haben auch nicht die Absicht.« Soweit kommt's noch, dass wir uns rechtfertigen müssen. Irland hin oder her.

»Ach, die jungen Leute müssen heutzutage immer erst ausprobieren, bevor es zur Sache geht. Ich bin ja nicht von gestern.« Father Pauls Bauch wackelte, als er lachte. »Aber wisst ihr, Kinder, wenn es soweit ist, sagt mir Bescheid. Ich würde gerne teilnehmen. Hochzeiten sind doch etwas viel fröhlicheres als Beerdigungen. Wie wär's jetzt mit einem Likörchen?«

Kommentar von: Shane

So, da habt ihr also das katholische Irland kennengelernt. Und glaubt ja nicht, dass die euch aus reiner Nettigkeit eingeladen haben, rein zufällig, als der Priester im Hause war. Das war geplant und hatte einen Hintergedanken: nämlich herauszufinden, was ihr eigentlich für Leute seid.

In der älteren Generation, besonders auf dem Land, sind Konventionen ungeheuer wichtig. Bei Tee, Schokoladenkuchen oder auch *Baileys* und harmlosem Plausch wird gerne das Wesentliche hintenrum erfragt. Oder habt ihr – mich ausgenommen – schon einmal Iren kennengelernt, die geradeheraus fragen?

Das ganze Heiligtum im Wohnzimmer, mit Papst, Jesus, Maria und Familienmitgliedern, die irgendwie mit selbigen zu tun haben, ist in vielen ländlichen Häusern gang und gäbe. Früher war es sogar üblich, dass jede Mutter unbedingt einen Priester in der Familie haben wollte. Also wurde möglichst einer der Söhne ins Priesterseminar geschickt. Das hob den Status der irischen *mammy* und brachte sie näher an Gott und in die Frontreihe der Dorfkirche.

Deswegen ist in der älteren Generation oft ein Geistlicher in der Familie zu finden, ob er Priester werden wollte oder nicht. Und deswegen wird dieser Stolz auf die Nähe zur Kirche mit religiösen Symbolen im Wohnzimmer ausgedrückt. Und mit Kruzifixen in allen anderen Zimmern. Habt ihr bei eurem Besuch kein Weihwasserbecken gleich am Eingang hinter der Haustür entdeckt?

Dörfer werden von der Kirche zusammengehalten. Das heißt aber nicht, dass alle tiefgläubig sind. Die Leute gehen zur Sonntagsmesse, weil das üblich ist, Gemeinschaftsgefühl vermittelt und die allwöchentliche Gelegenheit ist, sich im neuesten Outfit zu zeigen (die Frauen) und sich anschließend ins Pub zu begeben (die Männer) oder das Sonntagsessen vorzubereiten (die Frauen). Geht ruhig einmal während der Sonntagsmesse zur Kirche oder besser noch: in die Kirche. Da geht es, bis auf wenige Ausnahmen, gar nicht so heilig zu, wie man meint. Viele Männer stehen während des Gottesdienstes vor der Kirchentür, rauchen und gehen nur zur Kommunion zurück in die Kirche. Und drinnen wird eher leise mit Nachbarn geschnattert, vorzugsweise mit neuen, als sich um den Sermon des Priesters zu kümmern. Gottesdienst als Tratschbörse.

In der jüngeren Generation ist der Kirchgang nur noch eine Routineangelegenheit. Die meisten gehen bestenfalls noch zu Hochzeiten, Taufen und Beerdigungen in die Kirche. Die Priester wissen das und geben sich damit in der Regel zufrieden. Hauptsache, das Haus ist am Sonntag voll.

Kommentar von: Tina

Ich hatte mal Bekannte in Limerick, die aus einem kleinen Dorf stammten. Beide nicht mehr ganz jung, beide geschieden, aber wild entschlossen noch einmal zu heiraten. Das wurde ihnen von ihrer Dorfkirche verwehrt, also heirateten sie nur standesamtlich in der Stadt. Einige ihrer alten Bekannten und entfernten Verwandten tauchten zur Hochzeitsfeier nicht auf, weil eine Scheidung für sie nicht in Frage kommt und eine Neuverheiratung daher »Sünde« ist. Das war für die beiden traurig, wenn auch nicht überraschend.

Die Lehren einer Kirche, die einst jedes Gemeinwesen beherrscht hat und in vielen Fällen noch immer tut, lassen sich meines Erachtens nicht so einfach abschütteln. Selbst bei ganz aufgeschlossenen, liberalen und kosmopolitischen Iren scheint die alte Konditionierung noch zu greifen.

Als Ausländer werdet ihr da wohl keine Probleme haben, auch nicht auf dem Land. Die Iren sind es gewohnt, dass die *blow-ins* – die »Reingeschmeckten«, wie meine schwäbische Großmutter Zugereiste zu nennen pflegte – anders gestrickt sind. Man lässt euch in Ruhe, versucht euch nicht zu überzeugen, aber ihr werdet dadurch auch nie wirklich zur eigentlichen Gemeinde gehören. In den Städten ist das natürlich ganz anders. Da kümmert sich keiner drum, wie anderswo in Europa auch nicht.

Von der Wiege bis zur Bahre: Die Macht der Religion

Irland ist ein durch und durch katholisch geprägtes Land, was nicht nur eine Frage der Religion, sondern vor allem der nationalen Identität ist. Katholiken wurden unter der britischen Herrschaft seit der englischen Reformation im 16. Jahrhundert unterdrückt. Das war Teil des kolonialen Plans, ebenso wie die Unterdrückung der irisch-gälischen Sprache.

Die katholische Kirche konnte bekanntermaßen ihren Machtanspruch seit der katholischen Emanzipation von 1829 durchsetzen. Sei es in der Bevölkerung, der eingebläut wurde, dass Katholizismus der Weg zur nationalen Eigenständigkeit wäre. Sei es in der Politik, als Irland 1921 endlich unabhängig wurde und in der

Folge die Religion in die Verfassung einbaute. Die Kirche bekam die Oberhoheit über schulische Bildung, sogar über medizinische Fragen, Priester predigten archaische Moral und verteufelten alles, was nach Aufstand roch.

Erst 1993 wurde die Strafbarkeit von Homosexualität abgeschafft, 1996 wurde die Scheidung legalisiert, wenn auch von der Kirche noch lange nicht anerkannt, und 2013 wurde ein sehr eingeschränktes Gesetz zur Legalisierung von Abtreibung erlassen.

Die katholische Kirche hat nicht nur weltweit, sondern v.a. in einer ihrer stärksten Bastionen, nämlich Irland, einiges an Glaubwürdigkeit eingebüßt. Nicht nur empörten die gnadenlosen Praktiken von Nonnen, aufmüpfige oder »gefallene« Frauen zur lebenslangen Sklavenarbeit in den sogenannten Magdalene Laundries zu verurteilen, klösterlichen Wäschereien, in denen die Frauen für ihre Sünden bestraft und ihre unehelichen Babys zur Adoption verkauft wurden – was erst 1993 öffentlich bekannt wurde. Auch führten die jüngsten Enthüllungen über sexuellen Missbrauch von Kindern und mehr noch die Vertuschung durch irische Bischöfe zu einer grundlegenden Desillusionierung in der irischen Bevölkerung.

Gleichwohl, alte Sitten sterben langsam. Die Kirche ist noch immer eine nicht zu unterschätzende Macht und kämpft mit allen Mitteln gegen den Verlust ihres traditionell verbürgten Einflusses.

16 Queen Daisy *oder:* Fremdschämen für England

Jo schreibt:

Habe ich euch jemals von Daisy erzählt? Der karottenhaarigen Daisy aus Cambridge, die meine Tutorin war, als ich dort ein Jahr studierte? Sie war kaum älter als ich, aber exzentrisch bis zur Karikatur und, na ja, eben englisch. Ungeheuer englisch. Offenbar steht sie an 9.476. Stelle der Thronfolge, wie sie gern erzählte. Stellt euch vor, 9.475 Mitglieder der britischen Königsfamilie würden auf einen Schlag sterben. Dann wäre Daisy die Königin von England. Queen Daisy. Eine Horrorvorstellung! Obwohl: Das wäre auf jeden Fall das Ende der Style-Queens aus dem britischen Adel.

Jedenfalls hatten wir seit Cambridge sporadisch Kontakt, aber erst neulich kam ich dazu, ihr eine Mail mit der frohen Botschaft zu schicken, dass wir nun in Irland lebten. Nachbarn sozusagen. Nur ein Katzensprung über die Irische See.

Daisy schrieb begeistert zurück und fragte, wie wir denn zurechtkämen, ob wie auch genug zu essen hätten, ob sie uns etwas schicken solle und ob wir jetzt alle grün trügen. Ich fand das lustig, zuerst. Denn bei Daisy weiß man nie, ob sie etwas ernst meint oder ob sie wieder ihren äußerst schrägen – englischen – Humor spielen lässt. Nach einigem Hin und Her verkündete sie, dass sie uns gerne besuchen käme. Sie sei noch nie in Irland gewesen, ob uns nächste Woche recht sei.

Einerseits freute ich mich, den komischen Vogel wiederzusehen, andererseits fürchtete ich Daisys Besuch. Hier in unserem kleinen irischen Dorf eine potenzielle englische Königin mit hochgestochenem Cambridge-Englisch? Hat sie wirklich ein Gefühl für die irisch-englischen Sensibilitäten? Oder wird sie von einem politischen Fettnapf in den nächsten tapsen und das auch noch lustig finden?

Ich erinnere mich noch, wie ich das erste Mal Daisys Seminar besuchte und mich als Jo aus Deutschland vorstellte.

»Ah«, krähte sie, »ihr gebt die Invasion auch gar nicht auf, was? Jetzt seid ihr schon in Cambridge. *But – don't mention the war!*« Sie lachte.

Micha und ich holten also Daisy am Shannon Airport ab. Sie hatte sich mal wieder modisch selbst übertroffen: grasgrüne Jeans, weißes T-Shirt und orangefarbene Wetterjacke, passend zu ihren Haaren. Die irischen Nationalfarben. Und obenauf ein schwarzer Hut und an den Füßen gelbe Stiefel. War mir das peinlich.

»Hullo darlings«, rief sie mit ihrer schrillen Stimme, als würden englische Frauen noch immer am Hafen stehen und Admiral Nelson zum Sieg bei Trafalgar anfeuern. Sie stürzte auf mich zu mit nur einer sehr kleinen Reisetasche (die will doch nicht die ganzen vier Tage in diesem Outfit rumlaufen?), umarmte mich herzlich und guckte Micha von oben bis unten an. »*Well, well,* nicht schlecht, Jo, *my dear.*« Sie reichte ihm die Tasche und stolzierte Arm in Arm mit mir zum Ausgang.

»Zu Ihren Diensten, *my lady*«, grummelte Micha hinter uns her.

Zum Glück war es schon dunkel, als wir zu Hause ankamen, sodass keiner unserer Nachbarn diese englische *Leprechaun*-Königin sah.

Leprechauns: grüne Hüte und große Goldtöpfe

Der *Leprechaun* (gesprochen: Lepperkoon) ist ein Troll aus der irischen Mythologie. Meist ist er auf irischen Festivals in einem grünen Kostüm, mit falschem rotem Bart und großem grünem Hut anzutreffen und am amerikanischen Akzent zu erkennen. Das sind dann aber natürlich keine »echten« *Leprechauns.*

Die sind nämlich Einzelwesen und hassen jegliche Menschenansammlung. Und Menschen. Sie tauchen unvermutet auf und spielen gerne böse Streiche. Der Legende nach sind sie Nachfahren der Túatha Dé Danann, jenes magischen altirischen Volks, das in grauer Vorzeit in Irland eindrang, letztlich von weiteren Eindringlingen besiegt wurde und sich nun in den Hügeln verbirgt, um sich an allen, die ihm jemals ihr Irland wegnahmen, zu rächen. Das gelingt den *Leprechauns* insofern, als sie heutige Irlandfanatiker mit grünem Hut ins Lächerliche ziehen. Rache ist süß.

Allerdings können sie auch sehr nett sein, denn sie sind die Hüter der Goldtöpfe am Ende des Regenbogens. Wer das Bogenende erreicht, bekommt vom *Leprechaun* den Topf mit Gold geschenkt. Was noch niemandem gelungen ist, auch nicht jenen, die dem Goldtopf am Ende des Immobilienbooms hinterherjagten.

Manchmal klauen *Leprechauns* auch einfach nur Äpfel aus den Gärten.

Daisy marschierte ins Haus, als würde es ihr gehören, steckte ihren Kopf in jedes Zimmer, nickte immer wieder wissend und meinte schließlich: »Hässliche Möbel, habt ihr Heißwasser?«

»Wir haben sogar zwei Bäder mit Heißwasser. Wir haben eine Heizung, einen Kamin und wir essen obendrein mit Messer und Gabel«, sagte Micha trocken.

»Ach«, lachte sie, »Kartoffeln könnte man auch mit der Hand essen.«

Daisy war in Bestform. Hoffentlich legte sich das, dachte ich.

Ich zeigte ihr das Gästezimmer, das sie kritisch musterte. »Ich brauche einen Schreibtisch, ich habe Arbeit von der Uni mitgebracht. Ich denke der Wandtisch unten im Flur wäre ausreichend. Micha, *darling*, kannst du ihn mir bitte hochbringen? Danke. Das Bett stelle ich besser um, damit mir morgens nicht die Sonne ins Gesicht scheint.«

Queen Daisy? Aber hallo!

Nach dem Essen wollte Daisy unbedingt in den Pub. Sie hatte dem Wein bereits ordentlich zugesprochen, und mir war bei ihrem »nationalirischen« Aufzug ein wenig mulmig zumute, sie öffentlich zu präsentieren. Ich fragte sie höflich, ob sie sich nicht erfrischen und umziehen wolle.

»Klar, ich habe in deinen Kleiderschrank geguckt. Der blaue Rock gefällt mir sehr gut. Und die graue Tweedjacke. Geht doch in Ordnung, oder?«

Alles war besser als ihr derzeitiges Outfit. Ich schluckte und nickte. Micha grinste.

An der Theke standen die üblichen Verdächtigen herum. Agnieszka, beliebteste polnische Barfrau aller Zeiten und Schwarm aller irischen Bauern, zapfte stoisch Pints, im Kamin knisterte das Feuer, in der Musikerecke trudelten die ersten Fiedler ein und Micha bestellte die Getränke (Daisy: »Gin Tonic für mich, bitte.«).

Daisy bekam große Augen und eine ebenso große Nelson-Stimme: »*How fabulous! How quaint!*«

Maggie stand an der Theke, guckte mich an und hob fragend die Augenbrauen. Ich formulierte stumm und mit einem Achselzucken: »Englisch«. Maggie nickte, grinste und widmete sich wieder ihrem Bier. Don, der alte Schlawiner, stets in Anzug und Schlips, der sich für den Liebling aller Frauen hält (obwohl er stramm auf die Neunzig zumarschiert), beäugte Daisy mit Kennerblick.

»So«, schlich er sich an unseren Tisch, »wo hat Jo denn diese schöne Frau so lange versteckt?«

Oh bitte, wenn es einen Gott gibt, lass Daisy nicht auf diese dämliche Anmache reagieren. Das kann nur übel werden.

»Oh, wie nett. Ich bin Daisy aus Cambridge. *How do you do?* Züchten Sie auch Schafe?« Zu mir: »Ist er nicht süß. *So Irish!*« Die Nelson-Stimme wieder.

Die ganze Truppe an der Bar guckte zu uns herüber. Ich wollte unter den Tisch kriechen, Micha tat so, als würde er uns nicht kennen und studierte voller Interesse die Flaschensammlung hinter der Theke.

Don blieb unerschütterlich: »Daisy, was für ein wundervoller Name! Ich bin Don. Ich besitze hundert Hektar Land. Noch einen Drink?«

Daisy lachte ihr Lachen, das jeglicher britischen Seemacht zum Sieg verholfen hätte – »Gin Tonic, bitte« –, und fragte mich, als Don beschwingt zur Bar trottete, in voller Lautstärke natürlich, wie denn Iren so viel Land besitzen könnten.

Ich setzte zur Erklärung an, fassungslos, dass eine gebildete Engländerin noch nicht einmal das Einmaleins der irisch-britischen Geschichte kannte. Aber zum Glück setzte genau in diesem Moment die Musik ein. Daisy wippte mit dem Fuß und strahlte in die Runde. Der alte Phil setzte zum Sologesang an, alle schwiegen ergriffen.

Daisy krähte: »Das ist so lustig! Der kann ja gar nicht singen!«

Ich wollte sterben.

Don ist nicht ohne Grund als Dorfcasanova verschrien. »Daisy, *love,* willst du nicht mit mir auf eine Zigarette rausgehen? Ich habe dir schließlich eine Menge über die letzten achthundert Jahre zu erzählen.«

»Achthundert Jahre? Das wird lustig! Die Iren können immer so gute Geschichten erzählen! *How marvellous!*«, rief Daisy und ging.

Thank God, dachte ich und versprach im Stillen, mich nie wieder über Dons dumme Sprüche aufzuregen.

In den nächsten Tagen verbrachten wir mit Daisy viel Zeit in der einsamen Natur.

Kommentar von: Shane

Weißt du, Jo, dass wir Iren Prinz Philip lieben, den Mann der englischen Königin Elisabeth II., weil der nur so dämliche Sprüche klopft? Und das nicht nur versteckt im Pub, sondern in aller Öffentlichkeit. Wir lachen uns kaputt, wenn er wieder einen seiner Gedankenfürze loslässt. Und warum? Weil wir zum einen schräge Vögel mögen und zum anderen die ganze Sippe gar nicht erst ernst nehmen.

Du musst dir wirklich nicht unseren Kopf zerbrechen und dich schon gar nicht fremdschämen. Ihr Deutschen seid da schon komisch. Immer fühlt ihr euch für die Fauxpas anderer schuldig. Wir kommen damit schon selbst klar, nämlich auf unsere ganz eigene Art und Weise: Wir lächeln freundlich und lassen Idioten auflaufen oder einfach abblitzen.

Wir haben zwar unsere ganz eigene Geschichte mit den Engländern, unseren einstigen Kolonialherren, und, ja, die Wunden sitzen noch tief und es gibt noch immer Strömungen in Irland, die glauben, dass die Angelegenheit noch nicht ganz ausgestanden sei. Aber: Politik ist eine Sache, Menschen untereinander eine ganz andere.

Zwischen England und Irland gibt es sehr viel engere Bindungen als die politischen und die großen historischen. Viele Iren sind in der Vergangenheit nach Großbritannien gezogen, um Arbeit und ein besseres Leben zu finden. Etliche ihrer Nachfahren kamen zurück, aus welchen Gründen auch immer, aber stets mit einem englischen Akzent und fühlen sich trotzdem als Iren. Briten machen den größten Teil der Touristen in Irland aus. Und wirklich, keinen Menschen kümmert das. Wir sind Nachbarn, ob wir es wollen oder nicht. Und letztlich sind wir Iren sehr englisch geprägt, sprechen sogar dieselbe Sprache wie unsere Nachbarn, wenn auch ursprünglich nicht ganz freiwillig.

Du hast doch sicher mitbekommen, dass die englische Königin 2011 als erster britischer Monarch seit einhundert Jahren Irland als Staatsoberhaupt besucht hat? Die wenigsten hatten ein Problem damit. Natürlich gab es ein bisschen verbales Getöse, aber im Prinzip war sie nur eine alte Dame aus England, der wir wie jedem Gast auf der Insel unser herzlichstes Willkommen zukommen ließen. Unser einziges Bedauern war, dass ihr Gemahl Prinz Philip keinen flotten Spruch loslassen wollte, obwohl wir alle darauf gewartet hatten.

Deine Queen Daisy hingegen hätte unsere Erwartungen übertroffen! Kannst du sie nicht mal nach Berlin schicken? Die hört sich an, als würde sie jede Party in Schwung bringen.

Kommentar von: Tina

Mir ging das mal ganz ähnlich in Limerick, als ich zwei neue englische Kolleginnen hatte. Allerdings waren die nicht so exzentrisch wie deine Daisy, sondern echte Besserwisser. Janie und Shirley hatten, wie viele Einwanderer, die Idee von einem natürlicheren Leben in Irland, was immer das heißen mag, wenn man sich entschließt, ausgerechnet nach Limerick zu ziehen. Kannst du dir vorstellen, wie meine irischen Kolleginnen reagierten, als Janie anfing zu dozieren, wie man Landschaften ökologisch-biologisch pflegt? Engländern wird eine solche Art eher übelgenommen als uns Deutschen. Was taten also die irischen Kolleginnen? Sie ignorierten Janie und Shirley.

Wisst ihr, woher der Begriff »Boykott« stammt? Er geht zurück auf einen gewissen Captain Charles Boycott aus dem

County Mayo, ein Gutsverwalter des Earl Erne Ende des 19. Jahrhunderts. Der stellte sich so hart gegen die verarmten Pächter des Guts, dass alle Leute ihn schließlich vereint ignorierten, seine Dienstboten, das ganze Dorf, sogar der Briefträger. Er wurde einfach wie Luft behandelt. Das können die Iren noch immer sehr gut, wenn ihnen wirklich etwas gegen den Strich geht.

Die sprichwörtlichen 800 Jahre: Das irisch-britische Verhältnis

Im 12. Jh. verlieh Papst Adrian IV. dem englischen König Heinrich II. die Lehnshoheit über Irland, der an der nebligen Insel zunächst nicht viel Interesse zeigte. Irland bestand in jener Zeit aus Clans, die um das Amt des Hochkönigs nicht gerade mit edlen Mitteln kämpften. Einer der Anwärter rief schließlich die damals in England herrschenden Anglonormannen zur Hilfe, was den englischen Heinrich endlich dazu bewegte, Irland als Vasalleninsel in Anspruch zu nehmen und englisches Recht durchzusetzen, zumindest teilweise. Es gab seinerzeit noch immer Regionen, vorwiegend im Westen, in denen altirische Sitten herrschten – ein relativ friedliches Nebeneinander zweier Kulturen.

Zum entscheidenden Einschnitt kam es durch den Machtkampf des englischen Königs Heinrich VIII. mit dem Papst, der sich weigerte, die Scheidung Heinrichs von seiner ersten Frau Katharina von Aragon zu bewilligen. Heinrich sagte sich kurzerhand vom Papsttum los und gründete die Anglikanische Kirche, löste die Klöster in England auf und verfolgte Katholiken, ein Schritt, der Irlands Schicksal auf immer veränderte. Heinrich wurde zum König von Irland ernannt, und unter ihm begann die *plantation,* die zwangsweise Besiedlung Irlands mit protestantischen Engländern und die Inbesitznahme irischer Ländereien.

Im 17. Jh. betrat Oliver Cromwell die Bühne der Geschichte. In Großbritannien als erster Demokrat gefeiert, wütete er im katholischen Irland mit äußerster Grausamkeit. Er ließ im Namen seines protestantischen Gottes und Englands alles und jeden niedermetzeln, der sich ihm entgegenstellte. Wer überlebte, rettete sich in den unfruchtbaren Westen Irlands: *»to hell or to Connaught«*. Fast 90 Prozent des Landes waren schließlich in englischem Besitz, der Katholizismus wurde unter protestantischem Eifer verboten. In der Folge gab es viele vereinzelte Widerstandsbewegungen gegen die englische Vorherrschaft und für Irlands Unabhängigkeit.

Ein weiteres massives Trauma war die Große Hungersnot von ca. 1845 bis 1850, als gerade die armen Pächter, denen nur armseliges Land für den Eigenbedarf blieb, ihre Lebensgrundlage verloren. Die englischen Herren zeigten sich zynisch, Millionen Iren starben oder wanderten aus, was bis heute nicht vergeben und Teil der irischen Psyche ist.

Anfang des 20. Jh. begann schließlich der Unabhängigkeitskrieg. 1921 erlangte Irland die Unabhängigkeit, unter Verzicht auf sechs Countys im Norden, dem heutigen Nordirland, was wiederum zum Bürgerkrieg bis 1923 führte. Ein Krieg, der trotz des Friedensabkommens von 1998 noch heute gelegentliche Auswüchse in jenen sechs Countys und manchmal – bei Unverbesserlichen – auch im übrigen Irland zeigt.

17 Grüne Weihnacht *oder: Heart attack on a plate*

Jo schreibt:

Eigentlich war schon seit Oktober Weihnachten, jedenfalls wenn man von den Auslagen und der Dekoration in den Geschäften ausging. Je näher Weihnachten rückte, desto schlimmer wurde es. Bald waren in der Stadt ganze Einkaufsstraßen ein einziges Lichtermeer, aus Lautsprechern dröhnte Weihnachtsgedudel und immer wieder Ankündigungen zum Kaufen, Kaufen, Kaufen. Überall gab es packenweise Weihnachtskarten, ganze Läden waren damit vollgestopft, die Post gab nur noch weihnachtliche Briefmarken heraus, und in den Geschäften stapelten sich *mince pies,* und nur *mince pies.* Keine Lebkuchen, keine Spekulatius, keine Printen, keine Marzipankartoffeln. *Mince pies!* Und in den Schnapsläden und Supermärkten schleppten die Leute stapelweise, ach was, kofferraumweise Alkohol ab. Die müssen ja hier an Weihnachten gigantische Partys feiern.

Mince pie und *plum pudding*

Mince pies sind kleine, keksgroße Pasteten – ein traditionelles Advents- und Weihnachtsgebäck in Irland und Großbritannien. Ursprünglich waren sie mit Hackfleisch gefüllt, das orientalisch mit Rosinen und Gewürzen zubereitet wurde. Daher auch der Name *mince,* der sich von *mincemeat* ableitet, was eben Hackfleisch bedeutet. Heute ist die Füllung fleischlos, eine Mischung aus Rosinen und anderen Trockenfrüchten, Nüssen, Zucker, Gewürzen wie Zimt und Muskat sowie Brandy. Sie sind extrem süß und extrem beliebt.

Plum pudding ist ebenso eine traditionelle Weihnachtssüßigkeit, hat aber nichts mit Pflaumen *(plums)* zu tun. Dafür ist er eine Kalorienbombe par excellence. Traditionell besteht er aus Rindertalg, heute meist aus Margarine oder Butter (und viel davon), frischen und Trockenfrüchten, Nüssen, Gewürzen, etwas Mehl und Brotkrumen, Eiern und Whiskey. Das Ganze kommt in eine spezielle Puddingform und wird im geschlossenen Wasserbad um die sechs Stunden bei geringer Hitze gegart. Dazu wird *brandy butter* gereicht, eine Soße aus Butter, Zucker und Brandy.

Eigentlich haben wir zu Hause nie Weihnachten gefeiert, jedenfalls nicht mit Baum, Braten und erweitertem Familienkreis. Aber bei unserem ersten Weihnachten in Irland wollten wir es wenigstens ein bisschen wie die Iren halten, nur ohne Lametta und packenweise Weihnachtskarten. Also stürzten wir uns ein paar Tage vor Weihnachten todesmutig ins Getümmel.

Ich wollte nur die wichtigsten Einkäufe erledigen, also eine Weihnachtsgans erstehen und ein wenig Rotkohl. Doch nirgends gab es eine Gans, nur Truthahn, Truthahn und nochmals Truthahn. Solche gewaltigen Vögel hatte ich noch nie gesehen. Wie passen die eigentlich in einen Ofen? Schon völlig erschöpft fanden wir endlich einen kleinen Metzger, der auf einem Schild draußen ankündigte, dass er Gänse, Enten und, natürlich, Truthähne habe. Nix da.

»Gänse müssen Sie vorbestellen«, meinte der freundliche, rotwangige Metzgermeister. »Und das mindestens drei Wochen im Voraus.«

Meine Enttäuschung war bodenlos. Ich liebäugelte schon mit der Tiefkühlente.

»Weißt du was«, meinte Micha, »ich würde ja gerne mal wieder so ein richtig schönes Gulasch essen. Ist auch nicht so aufwändig. Ich koche auch. Was meinst du?«

Am nächsten Tag traf ich Mary, ihr wisst schon, Mary und John, die religiösen Nachbarn. Sie strahlte wie üblich und fragte mich, ob wir nicht zum Essen am ersten Weihnachtsfeiertag zu ihnen kommen wollten. Ihr einziger Sohn sei in Amerika und könne diesmal nicht dabei sein. Der Priesterbruder sei kirchlich beschäftigt, und ganz allein würden sie das traditionelle Weihnachtsmenü ohnehin nicht schaffen. Also doch noch richtiges Weihnachtsessen und kein popliges Gulasch! Ich sagte zu.

Dann endlich war Heiligabend. Maggie rief an und fragte, ob wir nicht Lust hätten, ins Pub zu kommen. Es gebe Musik und den üblichen Umtrunk. Aber immer, meinte Micha.

Unser Stammpub war brechend voll. Es war lauter als sonst und hektischer. Maggie winkte uns aus dem Gewühle zu, und wir kämpften uns vor bis zur Bar. Micha musste brüllen, damit der Barmann ihn in dem Lärm aus Musik und lauten Gesprächen überhaupt verstand.

Als es auf elf Uhr zuging, schauten viele verstohlen auf ihre Handys und Armbanduhren.

»Haben die noch was vor?«, brüllte mir Micha ins Ohr.

Ich zuckte mit den Schultern.

»Hey«, rief Maggie uns aus ihrer Ecke zu. »Ihr trinkt aber langsam. Bestellt euch schnell noch ein Bier, eh es zu spät ist!«

Bis was zu spät ist? Ich guckte Micha fragend an.

»Danke, wir haben noch!«, rief ich zurück.

Maggie schüttelte verständnislos den Kopf.

Kurz vor Mitternacht, wir hatten uns gerade ein weiteres Pint bestellt, betrat ein Polizist in voller Uniform die Kneipe. »Schluss, Leute! Alle raus, kein Widerspruch!«

»Aber ich habe doch noch nicht ausgetrunken.« Micha guckte perplex sein Bierglas an. »Sonst haben wir doch immer massig Zeit.«

Alle anderen Gäste folgten dem Befehl und marschierten ohne zu Murren aus dem Pub.

»Jedes Jahr das Gleiche«, murmelte Maggie, als sie an uns vorbeischlich. »*Happy Christmas* allerseits!«

Notgedrungen räumten auch wir das Feld und ließen unsere halbvollen Gläser missmutig zurück.

Am nächsten Nachmittag trudelten wir zum Essen bei John und Mary ein, mit Weinflasche und einem Weihnachtsstern als Gastgeschenk. Wie zu erwarten war das Haus sehr, wirklich sehr weihnachtlich geschmückt. Die ganze Vorderfront, das hatten wir schon im Vorbeigehen gesehen, war ein blinkendes Lichtermeer, im Garten stand ein ebenso blinkender Weihnachtsmann und irgendwelche Glitzergnome, die Fichte war überreich geschmückt (und blinkte wie verrückt), die Fenster hatten aufgesprühten Frost in Stern- und anderen merkwürdigen Formen, im Wohnzimmer ein riesiger Weihnachtsbaum mit elektrischen – blinkenden – Lichtern, um jedes Heiligen- und um das Papstbild Flitter und Lametta. Und auf dem Kaminsims: unzählige Weihnachtskarten.

John und Mary waren beide fein gekleidet und freuten sich, uns zu sehen. Unsere großen Augen hielten sie vermutlich für Bewunderung. Wir überreichten unsere Gastgeschenke, Mary schien zu warten. Micha und ich sahen einander an. Hatten wir zu wenig mitgebracht? Mary lächelte und überreichte uns eine Weihnachtskarte.

»Erst einmal einen Drink«, meinte John und schenkte uns allen ein Gläschen seines geliebten *Baileys* ein.

Mary lief geschäftig zwischen Küche und Wohnzimmer hin und her, ich fragte, ob ich ihr helfen könne, aber sie verneinte vehement und wiederholt und bugsierte uns an den fein gedeckten Tisch.

Der erste Gang: Krabben in rosa Mayonnaise. Ich liebe das Zeug, auch wenn es unglaublich satt macht. Aber hey, es ist Weihnachten! Der Hausherr sorgte dafür, dass die Weingläser immer gefüllt blieben.

Der Hauptgang: John stellte eine Platte mit einem gigantischen rosa Schweineschinken auf den Tisch, Mary trug eine Ofenform mit gerösteten Kartoffeln herein, huschte zurück und brachte eine große Schüssel mit Rosenkohl. Schweineschinken zu Weihnachten?

Einen Augenblick später schleppte John mit großem Trara das an den Tisch, was offenbar die Krönung sein sollte: einen gewaltigen Truthahn.

Truthahn! Was ich unbedingt vermeiden wollte, weil ich das trockene, geschmacklose Fleisch nicht mag. Und Micha kann Schweineschinken nicht ab. Ich war eigentlich schon von dem üppigen Krabbencocktail halbwegs satt, aber Mary und John waren so stolz auf ihren reich gedeckten Tisch, dass wir uns nach dem zeremoniellen Anschneiden der Fleischportionen widerstandslos die Teller füllen ließen: fettiger Schweineschinken, trockener Truthahn, mit viel Öl geröstete Kartoffeln und zerkochter Rosenkohl. Und über alles gab es eine braune Soße, die offenbar aus der Tüte stammte. Zum Glück trug ich einen Rock mit Gummizug. Wir aßen tapfer. Zum Glück gab's reichlich Wein.

Schließlich, als wir uns schon nicht mehr bewegen konnten, bot Mary uns einen Kaffee an, den wir beide dankbar annahmen. Und dazu servierte sie – *plum pudding* mit *brandy butter*. Der Gummizug an meinem Rock war schon bis zum Anschlag gedehnt, und Micha hatte sich heimlich den obersten Jeansknopf aufgeknöpft. Nächstes Jahr, das schwor ich mir, gibt es bei uns nur Salat. Oder Spaghetti mit Tomatensoße. Auf jeden Fall nie wieder Truthahn.

Kommentar von: Tina

Merry Christmas, Ihr Lieben! Wollt ihr wissen, warum Mary, als sie euer Gastgeschenk erhielt, aussah, als würde sie noch auf etwas warten? Ihr habt den beiden nicht zu wenig mitgebracht, ihr habt die Weihnachtskarte vergessen! Das kann eine echte Beleidigung sein.

Weihnachtskarten sind in Irland außerordentlich wichtig, ob nun per Post versandt oder persönlich überreicht. Sie werden nämlich stolz auf dem Kaminsims oder an Schnüren aufgereiht präsentiert – je mehr Karten, desto populärer ist man. Jemandem, dem man zuvor immer Karten geschickt oder überreicht hat, plötzlich keine mehr zu schicken, ist wie eine Aufkündigung der Freundschaft. Daher auch der Ausdruck »Jemanden von der Weihnachtskartenliste streichen«.

Ach ja, die irischen Weihnachtsorgien. Das mit dem rauschhaften Alkoholeinkauf vor Ostern und Weihnachten hat übrigens nichts mit den Feiertagen an sich zu tun. Sondern mit den Pubs. (Womit sonst?) Die sind nämlich an Karfreitag und am ersten Weihnachtsfeiertag geschlossen und zwar rigoros. Da kriegen die Iren, die die Kultur des gepflegten Trinkens zu Hause kaum kennen, richtig Panik. Es wird ein Alkoholvorrat eingekauft, als würde eine neue Prohibition drohen.

Was die heimischen Kochkünste angeht – na gut, es ändert sich mittlerweile, aber traditionell essen Iren vorzugsweise riesige Fleischmengen, noch riesigere Kartoffelberge und alles schön fett. Ihr kennt doch das typische irische Frühstück mit Speck, Eiern, Würstchen, *black pudding* (Blutwurst) und *white pudding* (Haferflocken-Fleisch-Wurst), gebackenen Dicken Bohnen und als Vitaminschuss noch eine gegrillte Tomate? *Heart-attack on a plate* (Herzinfarkt auf dem Teller)? Das ist nur für den Alltag. Bei einem Festessen gibt es keine Grenzen, da wird gespachtelt, bis die Schwarte kracht, vor allem an Weihnachten.

Und? Passen die Jeans wieder?

Kommentar von: Shane

Das mit der Weihnachtskarte ist nicht so schlimm. Ausländern wird das nachgesehen, jedenfalls beim ersten Mal. Ihr könnt ja noch eine nachreichen und behaupten, dass ihr sie in der

Aufregung ganz vergessen hättet. Das wird verstanden. Aber denkt daran, dass ihr nächstes Jahr allen Freunden eine schickt oder überreicht.

Ihr habt übrigens Glück gehabt, dass ihr ein echtes irisches Weihnachtsessen erleben konntet. Normalerweise ist Weihnachten ein absoluter Familientag, Außenstehende werden nur ganz selten dazu eingeladen, eigentlich nie. Traditionellerweise wird am zweiten Weihnachtstag, dem St. Stephen's Day, die allgemeine Runde gemacht, also Freunde und Bekannte besucht. Dann gibt es Resteessen (das es tagelang gibt) und viel, viel Alkohol. Jeder bringt nämlich ein Fläschchen mit. Die Leute kaufen also nicht nur für sich.

Zu Weihnachten fahren alle nach Hause, jedenfalls wenn es ihnen möglich ist. Ihr solltet mal in Dublin sehen, was da los ist: Die Flughäfen sind überfüllt von Kommenden und Gehenden, auf den Straßen nach auswärts herrscht ein Massenexodus – in der Hauptstadt selbst relative Ruhe. Das zeigt, wie viele Dubliner eigentlich von außerhalb stammen. Im Elternhaus irgendwo im Land herrscht dann Hochbetrieb, großes Hallo und kleine Sticheleien oder Familienkrach. Wie überall üblich, wenn alle beisammen sind und noch nicht einmal in den Pub fliehen können.

Übrigens ist der Truthahn eher eine neuere Einführung fürs Weihnachtsessen. Der stammt ja ursprünglich aus Amerika und wurde zunächst in England, dann auch bei den Reichen in Irland eingeführt. Traditionell wurde zu Weihnachten Gänse- oder Entenbraten gereicht, was aber ziemlich aus der Mode gekommen ist. Abgesehen davon hat ein Truthahn für eine große Familie mehr Fleisch und ist auch meist billiger.

Warum die Pubs Weihnachten und Karfreitag schließen, haben wir der Kirche zu verdanken. Diese Unsitte – anders kann ich es wirklich nicht bezeichnen – wurde erst 1927 eingeführt, also Jahre nach der Unabhängigkeit, als die Kirche ihre Hand endlich fest in der Politik hatte. Auch der St. Patrick's Day sollte ursprünglich alkoholfrei sein. Aber so gehorsam und zahm wir Iren auch sein mögen, das sprengte dann doch unsere Toleranz. Stellt euch vor, ein St. Patrick's Day bei geschlossenen Pubs? Undenkbar!

Eine Ausnahme an den Feiertagen gibt es jedoch: Reisende dürfen Alkohol trinken, weswegen Pubs in Bahnhöfen oder teilweise mitten in der Landschaft, weit weg von Siedlungen, auch an diesen beiden Tagen geöffnet bleiben dürfen. Weswegen es dann am Karfreitag und Weihnachtstag plötzlich erstaunlich viele »Reisende« gibt.

Besonders in touristischen Gebieten lockert sich das Verbot allerdings allmählich, wo vor allem Hotelrestaurants, die auch Essen servieren, durchaus auch Alkohol ausschenken. Und wer in einem Hotel übernachtet, kann auch ungehemmt die hoteleigene Bar benutzen.

Übrigens, nur an Heiligabend wird rigoros darauf geachtet, dass alle Gäste Punkt Mitternacht, wenn die Heilige Nacht beginnt, den Pub verlassen. Deshalb musstet Ihr so schnell das Feld räumen. In dieser Nacht ist die Polizei unterwegs und passt auf, dass das Gesetz auch wirklich eingehalten wird. Der Gastwirt selbst mag froh sein, wenn er ausnahmsweise pünktlich schließen und endlich einen seiner beiden freien Tage im Jahr genießen kann.

18 *Ní thuigim**

Jo schreibt:

Die Dingle-Halbinsel im County Kerry ist ja eine der schönsten Ecken in Irland: Atlantik, Berge, Buchten, Ruinen, malerische Dörfer – die ganze irische Zirkusnummer eben. Dingle ist auch nicht allzu weit von uns entfernt, das heißt: wenn man es überhaupt findet. Wir beschlossen also, uns ein Wochenende auf der Dingle-Halbinsel zu gönnen, auch wenn es noch Winter war. Wenigstens konnten wir so den Touristenmassen entgehen.

Bis Tralee ging auch noch alles gut. An die Straßenausschilderung und -führung hatten wir uns längst gewöhnt. Der Ort Dingle, der wie die Halbinsel heißt und unser Ziel sein sollte, war gut ausgeschildert – bis wir zu einem Kreisverkehr kamen. Da war Schluss mit Dingle.

Dreimal fuhren wir im Kreis herum, ohne auch nur irgendwo ein Schild mit der Aufschrift »Dingle« zu sehen, bis ich schließlich auf einem der Wegweiser ganz klein und offenbar mit Filzstift notiert das gesuchte Wort erspähte.

»Da steht aber eigentlich *An Daingean.*« Micha setzte zur vierten Runde im Kreisverkehr an.

* Irisch: »Ich verstehe nicht«

»Klar, das ist doch der irische Name«, fiel es mir ein. »Wie konnte ich das nur vergessen! Die hätten aber auch wirklich den englischen Namen groß dazuschreiben können, finde ich.«

Wir folgten also der Straße und machten Pläne, was wir uns alles anschauen wollten. Unser B&B war diesmal leicht zu finden, da es direkt am malerischen Hafen lag.

Da es früh dunkel werden würde, wollten wir gleich nach einem Mittagsimbiss wieder los. Auf unserer Liste standen der Slea Head Drive, Dunquin an der westlichsten Spitze der Halbinsel und das Dörfchen Ballyferriter.

Was wir auf dem nachfolgenden Ausflug sahen, waren zwar traumhafte Straßen und Aussichten, aber wo genau wir uns befanden, wussten wir nicht. Jedes Straßenschild war auf Irisch und ein einziges Ratespiel.

»Micha, halt mal an. Da läuft ein älterer Mann. Der sieht so aus, als wüsste er, wo es nach Dunquin geht.«

Micha bremste, der stoppelbärtige Mann tippte mit dem Zeigefinger an seine Tellermütze, lächelte ein zahnarmes Lächeln und schaute mich erwartungsvoll an.

»Wo geht es denn bitte nach Dunquin?«, fragte ich.

»A shure, dem feckin eejits in de big shmoke are after naming de place as gaeilge«, sagte der Mann.

Mein Lächeln fror etwas ein, während mein Hirn versuchte, seine Erklärung zu entschlüsseln.

»Dún Chaoin ish down dat boreen after de tshree tshrees off de Ceann Sléibhe roadsh. Godblesh!« Er lachte, winkte und ging wieder seines Wegs.

Dingle und die Gaeltacht

Der Konflikt zwischen Kommerz und traditionellem Nationalismus fand auf der Dingle-Halbinsel ihren bisherigen Höhepunkt. Dingle im County Kerry ist nämlich seit jeher ein Gaeltacht-Gebiet, eines jener ausgewiesenen Regionen in Irland, wo Irisch offiziell noch Muttersprache ist. Sie finden sich überwiegend im Westen des Landes, etwa in Donegal, Galway, Kerry und teilweise auch in Cork. Die Dingle-Halbinsel ist allerdings auch schon ewig ein touristisches Gebiet, das auf internationale Kommunikation und den Wiedererkennungswert wirtschaftlich angewiesen ist.

Einerseits ist Dingle also ein stolzes Gaeltacht-Gebiet, andererseits wollen seine Bewohner Touristen nicht irreführen (oder im Kreis herumfahren lassen). Der Kampf um die Beschriftung der Verkehrsschilder ging über einige Jahre, der Minister für Gaeltacht setzte sich schließlich durch, die Dingler fanden ihre eigene Lösung: Sie notierten zugunsten der Touristen und deren Euros zumindest auf den Schildern ab Tralee, der Hauptstadt von Kerry, eigenständig den anglisierten Namen »Dingle« – mit Filzstift oder mit Sprühfarbe. Die subversiven Aktionen hatten Erfolg: Seit 2013 darf der Name »Dingle«, neben der irischen Bezeichnung *»An Daingaen«*, offiziell wieder auf den Schildern stehen.

Go raibh maiht agat, An Daingaen! – Danke schön, Dingle!

Tá fáilte romhat, strainsír. – Nichts zu danken, Fremder.

Wir schauten uns verblüfft an.

»War das jetzt irisch?«, fragte Micha. »Oder hatte der nur sein Gebiss zu Hause vergessen? Das klang so, als würde der nuscheln.«

Die Küstenstraße war – obwohl wir noch immer keine Ahnung hatten, wo genau wir uns befanden – traumhaft, und selbst im Winter war alles grün. Der Atlantik donnerte an die Felsen, und schließlich entdeckten wir ein Schild mit der reizenden Aufschrift *»Dún Chaoin«*.

»Dunquin!«, rief Micha. »Das muss es sein.«

Es wurde langsam dämmerig, und wir beschlossen, noch schnell Ballyferriter »mitzunehmen«. Mittlerweile spielten wir Schilderraten. »Ballyferriter beginnt mit B und hat ein F in der Mitte« – so tasteten wir uns langsam heran. Nach Dunquin hieß der nächste Ort *Baile an Fheirtéaraigh*, was mit einiger Fantasie als Ballyferriter durchging.

Etwas durchgefroren und müde kamen wir irgendwann wieder zurück nach Dingle, 'tschuldigung: *An Daingean*, und waren stolz, dass wir uns nun schon ein wenig mit irischen Ortsnamen auskannten. Nur was der alte Mann hat sagen wollen, wissen wir bis heute nicht.

Kommentar von: Shane

Oje, da habt ihr gleich den irischen Doppelwhopper erwischt: den nuscheligen Kerry-Akzent mit Hiberno-Englisch und Irisch durchsetzt. Was der gute Mann in etwa sagte: »Die blöden Idioten in Dublin haben dafür gesorgt, dass alle Namen nur noch auf Irisch sind. Nach Dunquin geht es hinter den drei Bäumen die kleine Straße runter, die vom Slea Head Drive abzweigt. Alles Gute!«

In Irland gibt es, wie in Deutschland auch, verschiedene Dialekte, die für Ausländer nicht so leicht zu unterscheiden sind. Manchmal verstehen wir uns selbst nicht, jedenfalls wenn wir es mit Landbewohnern zu tun haben. Das wird euch Berlinern in Bayern oder gar in Schwaben genauso gehen, oder? Oder andersherum den Bayern an der Nordsee.

Kerry jedenfalls hat den unverwechselbaren sch-Akzent, also alles, was ein s hat, wird sch ausgesprochen, *»schtreet«* statt *»street«* zum Beispiel. Ähnliches gilt für das weiche d, das meist wie dsch ausgesprochen wird. Der Mann hat also nicht gebisslos genuschelt, sondern für seine Gegend ganz normal gesprochen.

Wir Corker hingegen sprechen eher schnell und verschlucken manchmal ganze Wortteile – wir haben immer viel zu sagen und können gar nicht genug in kürzester Zeit unterbringen. Deswegen war es auch ein Cork-Mann, Cormac McCarthy, der Lord von Blarney Castle, der sich im 16. Jahrhundert seine Unabhängigkeit von der englischen Königin Elisabeth I. buchstäblich erquasselte und somit der englischen Sprache *»to blarney«* bescherte, was so viel wie »reden ohne Unterlass, ohne irgendetwas zu sagen« bedeutet. So sind wir Corkonians nun mal. Wir nennen das Charme ...

Den echten Dubliner Dialekt könnt ihr ein wenig mit der Berliner Schnauze vergleichen: rotzig, keck und herausfordernd und mit einer Abneigung gegen Endkonsonanten. Na gut, es gibt auch das Dubliner »Hoch-Englisch«, was eine Mischung aus Amerikanisch, Englisch und irgendwas vermeintlich Vornehmen ist. Aber das sprechen ohnehin nur die Möchtegern-Schickis.

Wenn ihr jemals nach Nordirland oder auch nach Donegal fahrt, wette ich, dass ihr kein Wort versteht. Deren Dialekt klingt in meinen Ohren immer irgendwie beleidigt und dabei leicht amüsiert, mit viel schottischem Einschlag darin.

Hiberno-Englisch ist das Englisch, das wir mit unserer eigentlichen Sprache vermischt haben. Wenn ich zum Beispiel sage: *»I'm after doing the messages and need a sangich«*, heißt das nicht, dass ich unbedingt Nachrichten schreiben will und ein *sangich* benötige, sondern dass ich gerade Besorgungen oder Einkäufe erledigt habe und ein Sandwich brauche. *»Messages«* stammt von »Botengänge«, also »Besorgungen«. »Sandwich« korrekt auszusprechen, ist uns zu anstrengend, zu viel Lippenbewegung, also wurde es *»sangich«*.

Grammatik und Satzstellung des irischen Gälisch unterscheiden sich ebenfalls erheblich vom Englischen, auch gibt es im Gälischen bestimmte Zeitformen nicht. Im irischen Alltagsenglisch tauchen daher oft noch Umschreibungen auf, die merkwürdig klingen mögen: *»I'm after doing something«* bedeutet somit nicht »Ich will etwas tun«, sondern so viel wie *»I just did something«* – auf Deutsch: »Nachdem ich etwas getan habe«.

Und noch etwas zur Aussprache: Ist euch schon mal aufgefallen, dass wir z. B. nie *»film«* sagen, sondern *»fillum«* (gesprochen: fillem)? Wir haben in der irisch-gälischen Schriftsprache zwar viele Konsonanten, aber die sprechen wir ebenso wenig aus wie Konsonantenfolgen im Englischen. Mit einem Vokal dazwischen stolpert die Zunge weniger ...

Kommentar von: Tina

Als ich erstmals nach Irland kam, fiel mir sprachweise ein Stein vom Herzen. Was hatte ich mich in der Schule abgemüht, das »Ti-Eitsch« richtig hinzukriegen! Unsere Lehrerin stand da vorne und blies mit der Zungenspitze an ihre Hasenzähne: »thhh, thhh, thhh – und jetzt noch mal!«

Alles, was bei mir rauskam, war »sss, sss, sss« oder »fff, fff, fff« oder auch »d, d, d«. Es war aussichtslos.

Wie sehr habe ich mich gefreut festzustellen: Die Iren können das »Ti-Eitsch« auch nicht oder wollen es nicht können. In ihrer ursprünglichen Sprache gibt es solchen zungenbrecherischen Unsinn einfach nicht. Weswegen es mir auch sehr leichtfiel, einfach daherzuplappern, ohne wegen der Aussprache verlegen zu werden. Im Pub drei Pints zu bestellen, hieß dann einfach *»tree pints«*.

Wenn Iren Deutsche nachäffen, sagen sie übrigens immer *»ze Germans«*. Das betrifft jene Deutschen, die vergeblich versuchen, ihr Schulenglisch mit »Ti-Eitsch« anzuwenden. Das schönste Beispiel sind natürlich die »drei Bäume« eures Dingle-Manns. *Tshree tshrees,* nennt er sie – *»tree trees«* sagen Iren gemeinhin.

Die Sache mit den irischen Ortsnamen beschränkt sich übrigens nicht nur auf die Gaeltacht, also die irischsprachigen Gebiete. Überall im Land sind Ortsschilder in irischer Sprache anzutreffen, wenn sie auch in der Regel die englische Übersetzung ebenfalls aufführen. Die meisten Ortsnamen sind nämlich ursprünglich irisch und wurden erst durch die Engländer phonetisch anglisiert.

Deswegen haben anglisierte Namen auch oft verschiedene Schreibweisen. Leenane in Galway zum Beispiel wird oft auch als »Leenaun« ausgeschildert oder Lahinch in Clare als »Lehinch«. Manchmal wird sogar der irische Name unterschiedlich buchstabiert – einfach weil es im Irischen selbst verschiedene Dialekte gibt. Das ist beim Googeln irischer Orte zuweilen etwas kompliziert, mehr noch das Auffinden auf GPS-Karten.

Ach ja, und *»feck«* or *»feckin«* (ohne g am Schluss) ist nicht das feinere Wort für *»fuck«*, sondern heißt ganz harmlos »doof« oder »nutzlos«.

Das Verschwinden der irischen Sprache

Gälisch ist eine keltische Sprache, die noch in vier Regionen Europas gesprochen wird: in Irland, Schottland, Wales und in der Bretagne. Allerdings sind alle Varianten des Gälischen eigene Sprachen, weitgehend unterschiedlich und nur in Grundzügen zu vergleichen.

Irisch ist die offizielle Hauptsprache in Irland, Englisch nur die zweite offizielle Amtssprache. Allerdings sprechen bestenfalls nur noch rund 60.000 Menschen in Irland Irisch als Muttersprache.

Im 19. Jahrhundert wurde Irisch noch von etwa 90 Prozent der Bevölkerung gesprochen, doch Englisch setzte sich unter Druck durch. Zum einen sorgten die englischen Kolonialisten dafür, dass nur Iren, die Englisch sprachen, in den Genuss von Rechten und Bildung kamen, zum anderen erkannten auch die Iren selbst, dass Englisch eine Sprache war, die in der Neuen Welt, also in den bevorzugten Auswanderungsländern Großbritannien, Amerika und Australien, notwendig war, um zu überleben.

Englisch ist die hauptsächlich gesprochene Sprache in Irland, auch wenn die Regierung es durchsetzen möchte, dass die eigene Sprache wieder überhand nimmt. Irisch ist ungeliebtes Pflichtfach in den Schulen und Voraussetzung für Jobs im Öffentlichen Dienst. In eher intellektuellen Kreisen wird Irisch als Teil der nationalen Identität häufiger gepflegt, ebenso in manchen bürgerlichen Kreisen, die rein irischsprachige (und private) Schulen für ihre Kinder vorziehen. Irisch hat jedoch als Minderheitensprache kaum noch ein Chance. Englisch ist längst zur Alltagssprache geworden, die in einer globalisierten Welt weitaus vorteilhafter ist.

19 Rasieren für Kenia

Micha schreibt:

Letzten Samstag lockte unser Pub mit einem *charity event,* einer Wohltätigkeitsveranstaltung. Wir hatten zwar keine Ahnung, wofür gesammelt werden sollte, wir wussten nur, dass eines der Hauptereignisse an diesem Abend das Scheren von Bärten sein würde. Nicht dass viele Männer hier Bärte hätten, außer dem alten Ronan, der sowieso nichts verschwendet, noch nicht einmal Rasiermesser fürs Kürzen seiner Barthaare. Mir war allerdings schon aufgefallen, dass die Gesichtsbehaarung einiger Männer im Dorf seit Weihnachten deutlich zugenommen hatte. Ich dachte, das wäre etwas Irisch-Katholisches.

Im Pub saßen alle lachend und schwatzend auf den Hockern und an den Tischen, selbst in der Musikerecke. Ein kleiner Raum in der Mitte blieb frei, nur ein einsamer Stuhl stand da – als würde dort bald jemand hingerichtet werden. Maggie wachte am Tresen mit Argusaugen über ein Tablett mit Schere, Rasiermesser, einer Dose Rasierschaum und einer großen Packung Pflaster. Letzteres nicht gerade vertrauenerweckend für Bartträger.

Ich fragte Karen, unsere dörfliche Allroundorganisatorin, für welche Wohltätigkeit genau die Dorfmänner ihre Bärte opferten und wofür ich zwanzig Cent extra für mein Bier zahlte.

»Och«, sagte sie, »Peggy, Aibhlin und ich fliegen für zwei Wochen nach Kenia, um in einem Waisenhaus auszuhelfen.«

»Wie helfen?«, fragte ich.

»Na ja, wir fliegen halt nach Kenia und helfen im Waisenhaus ein bisschen aus. – Schade, dass du keinen Bart hast, aber du kannst auch gerne so etwas beitragen.«

In Kenia im Waisenhaus arbeiten – eine schöne und edle Idee, fand ich. »Und, wie genau sieht eure Arbeit vor Ort aus und wie wird das gespendete Geld eingesetzt?« Ich war wirklich neugierig.

Karen strahlte. »Die Flugtickets nach Kenia sind ganz schön teuer, und das Hotel ist auch nicht gerade billig. Wohltätigkeit kostet.«

»Moment mal. Ihr sammelt Geld, um überhaupt nach Kenia fliegen zu können, besucht ein Waisenhaus und kümmert euch ein bisschen um die Kinder? Und was sonst?«

Karen schaute mich verständnislos an. »Na, wir müssen ja auch etwas vom Land sehen, um uns ein Bild machen zu können. Und die armen Kleinen! Die haben doch nie wirkliche Liebe erfahren! Wirklich schade, dass du keinen Bart hast.«

Ich schnappte mir Jo, die mit irgendeinem Bärtigen im Gespräch war.

»Johanna«, flüsterte ich ihr ins Ohr. »Klasse Idee. Wollten wir nicht schon immer mal nach Vietnam reisen? Könnten wir nicht ein paar Tage in irgendeinem Waisenhaus verbringen und uns ansonsten einen schönen und vor allem bezahlten Lenz machen?«

Jo verdrehte nur die Augen und wandte sich wieder dem Bärtigen zu, der bald nicht mehr bärtig sein sollte.

Ich fragte Philip, den Barmann: »Sag mal, würdet ihr für mich auch so ein *charity event* organisieren? Also, ich verspreche, ich besuche ein Waisenhaus oder ein Obdachlosenheim, und ihr sorgt für die Finanzierung? Ich würde gerne mal nach Nepal oder in die Mongolei oder Vietnam oder ... Egal eigentlich. Ich bin da total flexibel. Wo Not am Mann ist und wo es schön ist.«

»Nee«, sagte Philip, »das wäre ja Urlaub.«

»Ja, aber was die drei Mädels machen, ist ja auch Urlaub, oder?«

»Aber sie tun doch was Gutes«, meinte Philip.

»Also, die fliegen nach Kenia, sagen ›Hallo Waisenhaus‹, schenken den Kindern ihre Liebe, dann reisen sie ein bisschen rum und erholen sich am Strand. Ich verspreche hoch und heilig, ich würde genau das Gleiche machen.«

Philip beugte sich mit schelmischem Lächeln zu mir rüber und meinte leise: »Ehrlich gesagt, ich würde gerne nach Ibiza fliegen und dort die armen Club- und Kneipenbesitzer unterstützen. Würde aber bei der hiesigen Damenwelt nicht so gut ankommen.« Er zwinkerte und wandte sich wieder dem Bierzapfen zu.

Bevor ich antworten konnte, rauschten Beifall und Gejohle durch den Raum. Jo zupfte mich am Ärmel. »Schsch. Es geht los. Ronan wird rasiert.«

Der arme Kerl saß mit gequältem Lächeln auf dem Barthinrichtungsstuhl. Rasieren für Kenia, oder was?

Kommentar von: Tina

Um ehrlich zu sein, das ist etwas, was mich auch immer geärgert hat. Die ganzen *charity events,* die eigentlich nur dazu da sind, die eigenen Ambitionen zu pflegen.

Die Nummer mit den Waisenhäusern oder anderen Projekten in der Dritten Welt ist da noch harmlos. Die Leute liegen wirklich nicht nur am Strand rum, sie leisten wohldosierte Freiwilligenarbeit. Ob die allerdings nützlich ist, steht auf einem anderen Blatt.

Viel schlimmer finde ich Radtouren über den Himalaya oder Segeltörns auf dem Pazifik oder so was in der Art. Das hat in meinen Augen rein gar nichts mehr mit Wohltätigkeit zu tun, sondern nur noch mit finanzierter Selbstverwirklichung unter dem Deckmantel eines guten Zwecks. Warum spenden die das Geld nicht Hilfsorganisationen vor Ort?

Freunde von mir arbeiteten in einem Waisenhaus in Botswana, beide waren von Hilfsorganisationen fest angestellt und auf Dauer im Land.

Ihr größter Horror waren die »Freiwilligen« aus der westlichen Welt, die kaum Ahnung hatten und mehr Arbeit machten, als sie Hilfe waren. Und sie hatten auch keinen Schimmer, was sie den Kindern antaten: Da kommen Leute, die ihnen meist echte Zuneigung zeigen, und dann gehen sie wieder. Wie sollen Kinder das ständige Verlassenwerden aushalten? Mehr emotionaler Schaden als tatsächliche Wohltätigkeit, meine ich.

Kommentar von: Shane

Nee, Tina, so einfach ist das nicht. Klar gibt es die Leute, die gute Taten mit Vergnügen verbinden. Wie sonst soll man überhaupt für Wohltätigkeit begeistern können, wenn nicht übers Eigeninteresse? Menschen sind nun mal nicht von Natur aus altruistisch.

Wohltätigkeit war in Irland schon immer ein gesellschaftliches Ereignis, oft tatsächlich ohne eine Ahnung von den Realitäten des wohltätigen Zwecks. Es ist so etwas wie ein Erbe der Idee von feinerer Gesellschaft, die die Anglisierung Irlands mit sich brachte. Wohltätig zeigten sich vor allem die reichen Damen der Gesellschaft: Sie brachten Brotkörbe zu den armen Bauern, kümmerten sich zugleich aber kaum darum, die Situation ihrer Untertanen zu verbessern. Nicht dass die Damen jener Zeit überhaupt die Chance dazu gehabt hätten.

Neben diesem englisch-viktorianischen Erbe lebt auch der katholische Glaube weiter, nämlich dass gegeben werden muss, auch wenn nichts da ist. Früher, und teilweise auch heute noch, wurde oft für die Missionen in Afrika gespendet, um den katholischen Glauben zu verbreiten – Spenden für die »schwarzen Babys«, wie meine Oma das nannte.

Davon abgesehen gibt es aber auch die Iren, die wirklich etwas tun, nämlich mit ihren eigenen Händen Häuser, Brunnen oder Schulen bauen. Was für uns Bleichgesichter in der tropischen Sonne nicht ganz ohne Opfer abläuft. Manche bleiben sogar und helfen für immer. Oder eröffnen einen Irish Pub für all jene, die beim Helfen Heimweh bekommen.

20 *If it works, don't fix it*

Jo schreibt:

Neulich, mitten in der Nacht, hatte ich beim Lektorieren eines Krimis einen selten kreativen Moment. Die ganze Zeit hatte ich mich gefragt, wie man die Auflösung des Mordfalls weniger offensichtlich gestalten könnte, und endlich, nach Stunden, kam die Erleuchtung. Kurze Zeit später dann völligste Dunkelheit, auch auf dem Computerbildschirm. All meine genialen Ideen, die ich in Windeseile niedergetippt hatte, weg. Frustriert legte ich meinen Kopf auf den Schreibtisch, schreckte aber sogleich wieder hoch, als ich ein Zischen aus dem Erdgeschoss wahrnahm. Vorsichtig tapste ich im Dunkeln die Treppe hinunter.

Eine der beiden Küchenlampen knisterte besorgniserregend. Sie war nicht eingeschaltet, aber als ich sie berührte, spürte ich, dass sie glühend heiß war. Im Wohnzimmer grummelte Micha, weil ihn der plötzlich flackernde und nun völlig schwarze Fernseher aus dem Sofaschlummer gerissen hatte.

Schnell die Taschenlampe ertastet und ran an den Sicherungskasten. Der uns jedoch ratlos davorstehen ließ. Wir haben so ein altes Teil mit Schraubsicherungen. In zweien steckten nur Nägel. Micha war zwar beim Einzug skeptisch gewesen, hatte aber gemeint, dass unser Vermieter das schon regeln werde und dass das ja auch irgendwie irisch-charmant sei. Jetzt allerdings bekam auch er es mit der Angst zu tun.

Früh am nächsten Morgen (ohne Kaffee, ohne heiße Dusche und vor allem ohne Wärme in den Zimmern) riefen wir den Vermieter an.

»Ruft das Elektrizitätswerk an«, meinte der nur lakonisch. »Kommt vor auf dem Land.«

Das Elektrizitätswerk gab uns folgenden Tipp: »Wir haben keinen Fehler im System. Das muss an eurem Haus liegen. Ruft den Vermieter an.«

Unseren Vermieter bekamen wir nicht mehr an die Strippe.

Gary, Michas Chef, riet uns, das selbst in die Hand zu nehmen, also einen Elektriker zu rufen und anschließend die Rechnung dem Vermieter zu schicken. Er würde da jemanden kennen.

Fein, wir riefen also diesen Jemand namens Seamus an, der auch prompt auf der Matte stand. Er schaute sich alles mit stoischer Ruhe an, klopfte hier ein bisschen, drehte dort ein wenig und betrachtete kontemplativ den Sicherungskasten.

»Nägel«, meinte er nur. »Nägel tun's eigentlich auch, wenn keine Sicherung zur Hand ist. Habt ihr neue Sicherungen?«

Wir schauten einander an. »Ich besorge welche, wenn ich von der Arbeit zurückkomme«, sagte Micha.

»Könnt ihr vergessen«, sagte Seamus. »Die gibt es nicht mehr. Ich müsste aber noch welche in meinem Schuppen haben. Ich stecke erst mal neue Nägel rein. Das müsste fürs Erste klappen. Komme dann morgen wieder vorbei.«

Morgen? Der wohnte doch nur ein paar Straßen weiter. Wie auch immer, die neuen Nägel (ich fasse es nicht!) sorgten jedenfalls wieder für leuchtende Lampen, heiße Duschen und ebensolchen Kaffee. Allerdings schien das alles etwas fragil. Nach kurzer Zeit flackerte die Küchenlampe schon wieder bedenklich. Ich traute mich nicht, meinen Rechner anzuschalten. Also schnappte ich mir den USB-Stick mit meinen Dateien, leider in der Version von vorgestern, und Michas Laptop, um auf Batteriebetrieb weiterzuarbeiten. Bis der Akku leer war – was eine Dreiviertelstunde später der Fall war.

Abgebrannte Häuser

In Irland brennen jedes Jahr etliche Häuser nieder, in manchen Jahren bis zu 30. Nicht immer kommt es dabei zu Todesfällen, aber doch meistens zu einem Totalschaden. Brandursache sind nicht nur vergessene Kerzen oder das berüchtigte Rauchen im Bett. Viel häufiger sind überlastete Stromleitungen verantwortlich.

Irische Häuser, besonders etwas ältere – aber auch neuere, wenn sie allzu kostensparend gebaut wurden –, haben notorisch wenige Steckdosen. Mit zunehmender Anzahl an elektrischen Haushaltsgeräten werden gerne Mehrfachstecker benutzt. Manchmal hängen bis zu zehn Geräte an einer Steckdose und das bei oft schlampig verlegten Leitungen. Nicht selten sind diese Geräte im Dauerbetrieb, wie Kühlschrank oder Tiefkühltruhe, und in der Regel werden viele andere auf Stand-by gelassen, statt ganz ausgeschaltet zu werden. Gelegentlich reicht es schon aus, wenn die Leitungen irgendwann wegen Dauerbeanspruchung überhitzen und einen Schwelbrand verursachen.

Aber auch offene Kamine können zur Gefahr werden, wenn keine gesonderten Vorsichtsmaßnahmen ergriffen werden. So sollte der Ofen niemals über Nacht oder wenn man das Haus verlässt ohne Kamingitter brennen. Ein Funke auf einem Polstermöbelstück oder einem Läufer genügt bereits, um einen Brand zu verursachen.

Und dann sind da natürlich noch die Hungerattacken nach dem Pubbesuch, wenn mitten in der Nacht die Friteuse angeworfen wird und die Pommes frites im Suff vergessen werden ...

Seamus kam auch brav am nächsten Tag wieder und brachte ein paar verstaubte Schraubsicherungen mit. Es ward Licht – ohne jedwedes Flackern. Micha war der Ansicht, dass es gut wäre, gleich den ganzen Sicherungskasten auszutauschen.

»Ach«, meinte Seamus bedächtig, »das kann teuer werden. Es müssten dann auch alle Leitungen überprüft und vielleicht neu verlegt werden. Außerdem klappt es doch jetzt wieder. *If it works, don't fix it* – wenn's funktioniert, wozu reparieren?«

Wir schrieben dem Vermieter jedenfalls einen Brief und teilten ihm mit, dass der Sicherungskasten lebensgefährlich sei und erneuert werden müsse. Er könne es doch bestimmt nicht verantworten, wenn seine Mieter vom Schlag getroffen würden und sein Haus in Flammen aufginge.

Eine Woche später kochte ich mir in der Küche eine Tasse Espresso und wunderte mich, dass auf der Arbeitsfläche eine kleine Pfütze war. Ich wischte sie weg. Als ich eine halbe Stunde später meine Espressotasse in die Spüle stellen wollte, war die Pfütze wieder da. Ich blickte nach oben. Und stellte fest, dass es durch die Decke tropfte. Ich also nach oben, um zu sehen, woher das Wasser kam. Der Heißwasserboiler leckte und stand bereits in einer ziemlich großen Lache.

Keine Zeit, um erst den Vermieter anzurufen, der seinen Hintern ohnehin nicht bewegte – ein Klempner musste her. Im Telefonbuch suchte ich nach *plumber*, doch immer lautete die Antwort ähnlich: keine Zeit, zu weit weg, Termin nächste Woche. Und ich dachte, in Irland herrschte Krise und alle wären froh, wenn Arbeit ihren Weg kreuzte? Ich rief Micha an, der Gary fragte, der natürlich wieder jemanden kannte. Sein Neffe könne so etwas problemlos reparieren, er schicke ihn heute Abend los.

Der Neffe kam, ein junger Bursche namens Lorcan, der schon gelegentlich dem einen oder anderen Klempner zur Hand gegangen war, wie er uns stolz erzählte. Mit fachmännischem Gesichtsausdruck inspizierte er den Boiler und meinte, der müsse ausgetauscht werden, da wäre ein Riss im Kupferkessel. Das könne er gleich machen. Also, Heißwasserleitung abgedreht, Werkzeugkasten geholt, Kessel ausgebaut. Micha und ich frohlockten.

Ob er wohl, fragte ich, einen neuen Wasserkessel in seinem Van habe?

»Na ja«, sagte Lorcan und schaute etwas verlegen drein. »Den muss ich erst besorgen. Könntet ihr mir vielleicht das Geld dafür schon geben?«

Klar, sagten wir, kein Problem. Hauptsache wieder heißes Wasser. Und fragten, wann er denn da sei.

Schulterzucken. »Morgen. Vermutlich«.

Am nächsten Morgen kein Lorcan in Sicht. Ich rief ihn auf seinem Handy an: »Wir wollen duschen.«

»Es verschiebt sich etwas, der Kessel muss erst noch bestellt werden«, vertröstete mich Lorcan.

Drei Tage später noch immer kein Lorcan und noch immer kein heißes Wasser. Wenn Sommer wäre, okay, aber im Februar kriegen mich keine zehn Pferde unter eine eiskalte Dusche. Micha bat Gary, seinem Neffen etwas Druck zu machen.

»Nach dem Wochenende«, versicherte uns Gary. »Ganz bestimmt.«

Am Dienstag brachte Lorcan endlich den neuen Boiler vorbei. Es rumpelte und fluchte oben im Boilerraum, dass Micha und ich uns besorgte Blicke zuwarfen. Doch dann tauchte Lorcan freudestrahlend in der Küche auf und schien sich selbst zu seiner Arbeit zu gratulieren.

Sobald er weg war, beschloss ich, erst einmal eine schöne heiße Dusche zu nehmen. Ich drehte den Heißwasserhahn auf. Kalt. Ich wartete eine Weile. Immer noch kalt. Ich rief Lorcan an.

»Ähm, hast du schon mal den Kaltwasserhahn probiert?«, meinte er.

Siehe da, es kam heißes Wasser aus dem Hahn mit dem blauen Punkt.

»Das geht so aber nicht«, sagte ich zu Lorcan, als ich ihn später abermals anrief. »Jetzt kommt kaltes Wasser aus dem Heißwasserhahn und umgekehrt. Hast du da die Leitungen vertauscht? Kannst du bitte noch mal herkommen und das richten?«

»Och«, sagte Lorcan. »Ihr habt doch jetzt, was ihr wolltet. Ist doch egal, wo es rauskommt. *If it works, don't fix it!*«

Kommentar von: Tina

Herrje, das kommt mir so bekannt vor. Also, erste Lektion: Bezahle niemals einen Handwerker im Voraus. Damals in der Firma in Dublin hatten wir ein Problem mit der Toilette. Sie war nicht nur verstopft, sondern leckte. Ich gehe nicht ins Detail, versprochen. Jedenfalls wurde unser Teamleiter Udo damit beauftragt, sich um die Angelegenheit zu kümmern. Ein Klempner war zwar schnell gefunden, aber der kratzte sich am Kopf und meinte, dazu müsse er jede Menge Materialien beschaffen und dazu brauche er Geld. Udo war, wie sein Name vermuten lässt, auch Deutscher und stellte dem Mann einen Firmenscheck aus. Wir haben von dem Herrn nie wieder gehört, aber das Gerücht ging um, dass er nach Australien ausgewandert sei ...

Euren Sicherungskasten müsst ihr wirklich ganz schnell austauschen lassen, möglichst durch einen Fachmann. Der Vermieter scheint ja bislang immer damit durchgekommen zu sein, aber solche Sicherungskästen, die auch auf eine schludrige Kabelverlegung schließen lassen, können tatsächlich lebensgefährlich werden.

Das mit den Nägeln habe ich schon öfters erlebt. Folgenden Fall finde ich besonders leichtsinnig: In Irland gibt es ja die dreipoligen Stecker, für die man für deutsche Geräte einen Adapter braucht. Kostet nicht viel, aber so mancher Deutsche hält es für sparsamer, in die dritte Öffnung einen Nagel zu stecken, wenn er sein Gerät anschließt. Mag ja klappen – zumindest meistens.

Kommentar von: Shane

Leider, leider kommen solche alten Sicherungskästen immer noch vor, und »Cowboys«, also Leute, die keine vernünftige Ausbildung haben, aber dies und das reparieren können und sich für Spezialisten halten, gibt es immer wieder. Auch in neueren Häusern wurden, wenn der Bauherr sparen wollte, Leute eingestellt, die über irgendwelche Ecken an den Job gekommen waren und nie nach einer Qualifikation gefragt wurden. Und sie wurden angehalten, billige Materialien zu besorgen und schnell zu arbeiten, und machten dabei Fehler.

Eine richtige Handwerkerausbildung mit Abnahme durch staatliche Prüfer gab es lange Zeit nicht. »Learning by doing« hieß das Motto. Mit Empfehlungen von Freunden, Kollegen und Nachbarn wäre ich daher vorsichtig. Das mag bei kleineren Reparaturen klappen, aber wenn es um Strom und Installation geht, muss ein Fachmann ran, auch wenn er mehr kostet und länger auf sich warten lässt.

Abgesehen davon sind wir Iren nicht so perfektionistisch. Wenn Leukoplast und Basteldraht eine Sache wieder zum Laufen bringen, ist das doch prima. Geld gespart und alles funktioniert. Im Improvisieren sind wir ohnehin Weltmeister. Und mal ehrlich, es ist doch egal, aus welchem Hahn das heiße Wasser fließt. Hauptsache ist doch, ihr habt überhaupt Heißwasser!

21 Unsere Liebe Frau auf Toast

Jo schreibt:

Unsere Nachbarin Mary hatte ihre Schwester Nancy zu Besuch. Nancy lebt allein in London, ist pensioniert, zutiefst katholisch – natürlich – und im Prinzip eine reizende alte Dame. Ich traf sie an einem Samstag zusammen mit Mary im Dorfladen und wurde von ihr sogleich in Beschlag genommen. Nach dem üblichen Geplänkel übers Wetter zog sie aus ihrer Handtasche ein Foto hervor.

»Ich war letzten Sommer in Rom. Beim Papst. Das war unglaublich. Ich habe so viele Fotos gemacht, aber schau, dieses hier ist ein Wunder. Ein Wunder!«

Interessiert sah ich mir das Bild an, das offenbar mit einer Wegwerfkamera gemacht wurde: ein Raum in einer italienischen Kirche, ein bisschen verwackelt, und rechts eine lange Schliere, durchs Gegenlicht vielleicht.

»Siehst du nicht? Das ist Padre Pio! Er ist mir erschienen und ich konnte ihn fotografieren!« Nancy war ganz aufgeregt und offensichtlich überglücklich.

Ich nickte. »Ja, hm, wo ist er noch gleich?«

»Hier, hier!«, rief Nancy und zeigte mit ihrem Finger auf die Schlierstelle. »Natürlich ist es nur seine Aura, aber ganz deutlich als Padre Pio zu erkennen.«

»Hm, sieht eher aus wie ein Entwicklungsfehler«, sagte ich vorsichtig und gab vor, das Foto eingehend zu studieren.

Nancy war den Tränen nahe. »Das ist Padre Pio. Er erscheint immer, wenn er Menschen in Not sieht. Er hilft uns. Er ist es wirklich. Guck doch mal genau hin. Erkennst du nicht seine Umrisse?«

»Vielleicht ist da gerade eine Person vorbeigelaufen und die Belichtungszeit war zu lang? Oder hattest du den Daumen über dem Objektiv?«

»Nein! Alle Fotos sind in Ordnung. Das ist Padre Pio!«

Mir tat die arme Frau leid. Deshalb sagte ich: »Aber ja, jetzt sehe ich es auch! Unglaublich!« Ich biss mir auf die Zunge und verabschiedete mich schnell.

Nancy strahlte.

Kopilot Gott: Das zweite Wunder von Knock

Mitten in der Landschaft im County Mayo liegt ein internationaler Flughafen, fernab von größeren Städten und den meisten touristischen Regionen. Ein völlig unlogistischer Standort, aber ein blühender Erfolg.

Es begann mit dem ersten Wunder von Knock im Jahr 1879, als Maria in Begleitung von Joseph, Johannes und einem Lamm einigen Bewohnern an der Giebelwand der Kirche des damals noch unscheinbaren Dorfs erschien. Das sprach sich schnell herum, und alsbald kamen die Kranken und Siechenden und erbaten sich Heilkraft vom Putz der Kirchenmauer. Knock wurde zum größten Wallfahrtsort Irlands und ist es bis heute.

Um all den Pilgern auch angemessen spirituellen Beistand zu leisten, wurde 1976 die größte Kirche Irlands gebaut, ein Monstrum, das 12.000 Menschen Platz bietet. Die Giebelwand der alten Dorfkirche wurde mit einem Marmorrelief der »Erscheinung« hinter einer Glaswand geschmückt. Der Verkauf von Religionskitsch, der sich zum großen Geschäft entwickelte, folgte alsbald.

Nun trat Monsignore James Horan auf den Plan, der die grandiose Idee hatte, allen Gläubigen einen Flugplatz in nächster Nähe zu bauen. Als er 1980 das Flughafenprojekt vorlegte, schlugen alle Verantwortlichen die Augen gen Himmel. Der jedoch war auf Horans Seite. Gegen alle Widerstände setzte er den Bau durch – und 1985 starteten die ersten Flieger mit Pilgern nach Rom, ein Jahr später trafen die ersten Jets aus Amerika in Knock ein, die Horan noch persönlich begrüßte.

Heute ist der »sinnloseste Flughafen der Welt«, wie er einst betitelt wurde, einer der betriebsamsten im Land. Monsignore Horan, der 1986 ausgerechnet im Wunderort Lourdes starb, erklärte seinen Erfolg damit: »Gott ist mein Kopilot.«

Zu Hause saß Micha am Laptop und grinste. Ich prustete gleich los und erzählte ihm von Nancy und von Padre Pio.

»Klasse«, sagte er. »Das passt ja. Ich google nämlich gerade rum, und was entdecke ich? Eine angebissene Toastscheibe, auf der die Madonna zu erkennen sein soll. Die wurde für 28.000 Dollar auf Ebay versteigert! Ein blöder labbriger Toast, auf dem der Toaster mit viel Fantasie ein Frauengesicht hinterlassen hat. Sieht für mich eher aus wie Jean Harlow. Ich gehe jetzt Toast machen. Wir werden reich!«

»Wie bist du eigentlich darauf gekommen? Hast du nach Toast oder nach Madonna gesucht?«

»Nö, nach den Cliffs of Moher. Ich wollte noch mal schauen, wie die genau fotografiert wurden, dass der Eindruck von Einsamkeit entstehen konnte. Und weißt du was? Da will eine Frau das Gesicht von Jesus auf den Klippen entdeckt haben, und viele Touristen haben bestätigt, dass sie es auch gesehen hätten. Guck mal.«

Er drehte den Laptop zu mir um, und tatsächlich, da war ein nettes Foto von den Klippen und darauf war ganz deutlich, äh, *etwas* zu erkennen. Unter Umständen auch Jesus. Oder vielleicht Seamus der Elektriker? Oder Frank Zappa? Oder einfach nur Felsformationen?

Ich schüttelte den Kopf, setzte mich an meinen Schreibtisch, und Micha ging in die Küche, um Toast zu machen. Hoffentlich auch eine Scheibe für mich mit Käse statt mit Madonna.

»Hey, guck mal, sieht das nicht aus wie Angelina Jolie?« Stolz präsentierte er mir eine der Toastscheiben, die uns reich machen sollten.

»Wenn du jetzt noch Schinken und Käse drauflegst und ein paar Gürkchen, glaube ich auch gerne an George Clooney. Und verspeise ihn mit Wollust!«

Kommentar von: Shane

Unserem Katholizismus entkommt ihr einfach nicht, oder? Der lauert hinter jeder Ecke und in jedem verqueren Kopf. Bei uns bewegen sich immer mal wieder Madonnen oder fangen an zu bluten. Jesus erscheint auf Baumstümpfen oder auf Felsen, auch schon mal auf einem gegrillten Steak (Toast ist für Madonnen reserviert).

Die Symbolik ist dabei nebensächlich. Es könnte eine Gestalt aus dem legendären Feenvolk sein, eine Madonna, Jesus oder Bono, die sich bequemen zu erscheinen. Wir Iren sind ein spirituelles Volk, auch unabhängig vom Katholizismus und auch wenn wir es leugnen. Noch immer haben wir heilige

Quellen oder Haine, die aus vorchristlicher Zeit stammen und nur christianisiert wurden. Und wir glauben an die »Anderswelt«, deren Grenze zum Diesseits recht durchlässig ist.

Stellt euch mal vor, ihr seid ein ältlicher Farmer und lauft auf einsamer Straße vom Pub zurück nach Hause und kommt an einer der vielen Madonnenstatuen vorbei. Cirka sechs Guinness intus. Der Farmer, nicht die Madonna. Da wackelt nicht nur die Straße, sondern auch die Statue. Und dann kommt ihr nach Hause, die Frau schimpft und die beste Erklärung ist: »Die Madonna an der Kreuzung nach Ballinspittle hat sich bewegt. Ein Wunder! Wir sind erlöst!« Dann bekreuzigt sich die Farmersfrau, und der Farmer ist tatsächlich erlöst.

Die Farmersfrau erzählt es ihren Bekannten und dem Priester, alle pilgern zur bewegten Madonna und erhoffen sich ein ebensolches Wunder. Die lokale Zeitung kommt vorbei, und schon ist eine Legende geboren.

Vorfahrt für Feen

An der Schnellstraße in Clare zwischen Ennis und Limerick etwa in Höhe von Newmarket-on-Fergus steht ein Weißdornbusch. Er ist geschützt, nicht weil Weißdorn eine geschützte Spezies darstellt, sondern weil er ein uralter Feenrastplatz ist. Eigentlich sollte er beim Bau der Schnellstraße im Jahr 1999 niedergewalzt werden, was den Protest von Eddi Lenihan hervorrief, einem allseits geschätzten Geschichtenerzähler und Bewahrer der alten Legenden Irlands.

Er argumentierte, dass sich die Feen der Provinz Munster vor einer ihrer üblichen Schlachten mit den Feen der Provinz Connaught genau an diesem Baum sammelten, und wenn sie diesen Sammelplatz verlören, würden sie schreckliche Rache üben: Wer immer den Feenbusch anrühre, würde niemals mehr ruhig schlafen können, der Straßenabschnitt würde zum Unfallschwerpunkt, Blut würde fließen ... Die County-Verwaltung gab nach. Der Busch blieb stehen, die Straße bekam eine kleine Einbuchtung um das Bäumchen herum. Man weiß ja nie.

Feenbäume sind manchmal auch Wünschelbäume, die oft auf dem Land zu sehen sind. Sie hängen voll mit Devotionalien, ob es nun ein Stück Schnur ist, ein Schmuckstück oder ein altes Kleidungsstück. Offiziell sind die Gegenstände meist einem christlichen Heiligen gewidmet, aber eigentlich sind es Opfergaben an die Feen, die tief in der irischen Psyche sehr viel mehr Macht haben als alle katholischen Heiligen zusammen.

Und sagt mir nichts gegen Padre Pio. Wir lieben unsere Schutzheiligen, und der alte Pio ist der irischste Schutzheilige, den man sich denken kann, auch wenn er Italiener ist. Sein Motto lautete nämlich: »Bete, hoffe und sorge dich nicht.« Deswegen ist sein Ehrentag auch der 22. Januar, der statistisch der deprimierendste Tag des Jahres sein soll. Die katholische Kirche erklärte diesen Tag zum *Don't worry, be happy Day*. Na bitte.

Kommentar von: Tina

Man sieht nur, was man weiß, sagte der alte Goethe. Und recht hat er! Habe ich euch mal erzählt, wie ich einst selbst eine Erscheinung hatte? Ich lag im Bett und las meinen üblichen Gutenachtkrimi, da sah ich plötzlich aus dem Augenwinkel an der Zimmerdecke ein Gesicht mit zusammengekniffenen Augen, fiesem Mund und wilden Haaren – und einer erhobenen Hand, die ein Messer hielt. Mir wurde für ein paar Sekunden ganz gruselig zumute, bis ich meine Katze auf dem Bett entdeckte, die sich gerade putzte und deren Schatten von der Nachttischlampe an die Decke geworfen wurde. Das im Zusammenhang mit dem Krimi hat meine Wahrnehmung etwas verwirrt.

Das ist so ähnlich wie mit den Wolkenformationen am Himmel, in denen wir als Kinder immer Tiere oder Gespenster zu entdecken glaubten. Wir sind einfach so gepolt, nur das zu sehen, was wir kennen oder was uns gerade im Hirn herumspukt – oder was einfach die beste Ausrede aller Zeiten ist, wie Shane so schön erklärt hat. Und ihr Iren seid doch nie um eine Ausrede verlegen, nicht wahr Shane?

22 Grünes Bier für Paddy

Micha schreibt:

Mann, ist mir schlecht. Ich bin ja, seit ich in Irland lebe, einiges gewohnt, aber der gestrige St. Patrick's Day hat mich nun wirklich geschafft. Und Jo ist schuld. Die ist übrigens noch immer nicht ansprechbar.

»Sag mal«, meinte sie vor ein paar Wochen, »weißt du noch, wie wir vor einem Jahr im *Shamrock* in Berlin saßen?«

Klar erinnerte ich mich, es war das letzte Mal, dass wir euch da drüben getroffen hatten, bevor wir uns auf die Socken nach Irland machten.

»Und dieses Mal, mein lieber Micha, feiern wir einen richtigen irischen Paddy's Day, nicht so was Lahmes wie in Berlin.«

Keine Ahnung, was Jo mit richtigem Paddy's Day meinte. Ich selbst habe ja das Gefühl, hier jede Woche einen auf St. Patrick zu heben. Ich überlege mir ernsthaft, die Pubbesuche drastisch einzuschränken.

Jo war schon tagelang aufgeregt und bekam immer größere Ideen: »Am besten fahren wir nach Dublin, da ist wenigstens richtig was los, mit Riesenparade und allem Drum und Dran.«

Das nun kam von meiner Seite überhaupt nicht in die Tüte. Ich wollte, wenn überhaupt, einen dörflichen Paddy's Day erleben, etwas Ursprüngliches.

»Ursprünglich ist was für Weicheier, ich will Party!«

Ihr wisst ja, wie Jo sein kann, wenn sie sich etwas in den Kopf setzt. Aber das mit dem Weichei traf mich hart, sozusagen.

Unser Kompromiss war Ennis.

Wir hatten mit unseren alten WG-Leuten Aisling und Gianna verabredet, dass wir bei ihnen auf dem Sofa übernachten könnten. Conor war mittlerweile, wie viele junge Iren, die keinen Job in ihrer Qualifikation mehr finden, nach Amerika ausgewandert und durch Pawel aus Polen ersetzt worden, der »irgendwas Kreatives« macht, laut Aisling.

Die Parade begann am Nachmittag, nach Gottesdienst und Mittagessen. Wir stellten uns also an die alte Brücke über den River Fergus und harrten der Dinge unter grauem Himmel und bei recht frostigen Temperaturen. Jo hatte sich ganz in grüne Schale geworfen, mit einer aufgemalten Irlandflagge auf beiden Wangen und einem grünen *Leprechaun*-Hut. Ich fand das etwas peinlich, zumal ich feststellte, dass das typische Accessoire einfach ein Glas Bier war. Und das schon am Nachmittag. Doch Jo hüpfte begeistert auf und ab, wohl auch weil ihr kalt war. Die anwesenden Iren lächelten nachsichtig. Touristen eben, dachten sie wohl. Am liebsten hätte ich mir ein Schild mit der Aufschrift »Wir leben hier!« umgehängt.

»Guck mal, guck mal, da kommen sie!«, rief sie, als endlich der Festzug erschien: mehrere Dudelsackgruppen in irischen Kilts, Schülerbands mit Pfeifen und Flöten, eine Gruppe Kids in Gelb und Blau, den Clare-Farben der *GAA,* ein Umzugswagen mit einer Gestalt im St.-Patrick-Kostüm und daneben der Bürgermeister von Ennis mit Amtskette, der wohlwollend in die Menge winkte. Und schließlich etliche Schulkinder, die sich als Wikinger, Kelten, Bischöfe und als Hexen, Piraten und Ritter verkleidet hatten.

Wir folgten dem Umzug und den Massen in die Innenstadt, wo aus allen Pubs irische Musik dudelte und das Bier in Strömen floss. Irgendwann trafen wir Aisling und zogen mit ihr und ihrem Begleiter, den sie uns passenderweise als Paddy vorstellte, weiter. Aisling trug ein Kleidchen, das andere – deutsche – Frauen bestenfalls ab fünfundzwanzig Grad im Schatten anziehen würden, und hochhackige Schuhe, auf denen sie bedenklich wankte. Paddy (»Doch, der heißt wirklich so!«) wankte ebenfalls, obwohl er Turnschuhe trug. Jo kam sich allmählich etwas albern vor in ihrem grünen Kostüm, was aber ihrer Laune mit zunehmendem Alkoholgenuss nichts anhaben konnte. Dabei war es erst sechs Uhr abends. Der Abend hatte praktisch noch gar nicht begonnen! Ich hielt mich mit dem Bier etwas zurück und bestellte zwischendurch ein Mineralwasser.

»Weichei, Weichei!«, kreischten Jo und Aisling und lachten sich krumm.

Paddy stellte mir grinsend ein Pint vor die Nase und schlug mir auf die Schulter. »*Come on,* alter Junge, sei nicht so deutsch. Das hier ist Irland! Sorry, ich muss mal raus …«

Er war etwas blass um die Nase, und ich dachte, dass er frische Luft schnappen wollte, was mir auch gut tun würde. Ich folgte ihm also vor die Tür – und sah ihn an der Ecke kotzen.

»Geht gleich wieder«, murmelte er. »Geh schon mal rein und bestell noch 'ne Runde.«

Ist der Mann des Wahnsinns? Was der braucht, ist eine Tasse Kamillentee, ein Aspirin und viel Schlaf.

Jo war schon ein bisschen grün im Gesicht. Aber das könnte auch von der verschmierten Irlandflagge auf ihrer Wange kommen. Und mir wurde allmählich auch schummrig. Aisling schien sich köstlich zu amüsieren, ungeachtet dessen, dass ihr ohnehin sehr kurzer Rock nach dem Klobesuch in ihrer Strumpfhose eingeklemmt war und etwas zu viel von ihren unteren Rundungen zeigte. Ihre gefährlichen Schuhe hatte sie jedenfalls mittlerweile ausgezogen und in ihre Handtasche gestopft. Der dreckig kalte Fußboden schien ihr nichts auszumachen.

Es war noch nicht einmal zehn Uhr, als ich Jo endlich loseisen konnte, um mit ihr gemeinsam zu Aislings Haus zu marschieren. Die war intensiv mit ihrem Paddy beschäftigt und nun gar nicht mehr ansprechbar.

Der Weg war eklig. Überall Pfützen von Urin, weil sich kein Mann mehr die Mühe gemacht hatte, sich am Klo anzustellen. Slalom um Erbrochenes, grölende Gruppen Besoffener, ein Alptraum wie aus einem apokalyptischen Film.

Am nächsten Morgen wachten wir zerknautscht und völlig verspannt auf dem Sofa auf, geweckt vom Kaffeeduft aus der Küche. Das heißt, ich wachte auf, Jo grunzte in ihren grünen *Leprechaun*-Hut und drehte sich um.

Pawel, der Neue in Aislings WG, steckte den Kopf ins Wohnzimmer. »Kaffee? Oder lieber einen Wodka mit Pfeffer? Gut gegen Kater.«

Ich rannte aufs Klo.

St. Patrick's Day in Irland? Eher Komasaufen für einen Heiligen.

Kommentar von: Shane

Wir wissen Partys zu feiern, stimmt's? Da gibt es keine Grenzen. Wenn schon, denn schon. Und nichts eignet sich besser, alle Einschränkungen über Bord zu werfen, als unser guter alter Paddy's Day. Nicht dass wir nicht auch andere Gelegenheiten am Schopfe packten ...

Was leider auch stimmt, ist, dass wir Iren fürs *binge drinking* berüchtigt sind, Komasaufen, ein Problem, das bei größeren Festlichkeiten immer wieder zum spätnächtlichen Ansturm auf die Notaufnahmen in Krankenhäusern führt. Warum das so ist? Ich bin mir selbst nicht sicher. Vielleicht ist es unsere Pubkultur, die strikt reguliert ist, also mit offiziell festen und relativ frühen Schließungszeiten. Kurz vor Sperrstunde, wenn die letzte Bestellung ausgerufen wird, ordern alle schnell noch einen Drink, auch wenn sie fast noch ein volles Glas vor sich haben. Dann bleibt noch eine halbe Stunde zum Austrinken, bis alle das Pub verlassen müssen. Das muss dann schnell gehen und führt natürlich zum Schluckspechten.

Einst war der St. Patrick's Day übrigens ein ehrwürdiger katholischer Feiertag. Erst im 18. Jahrhundert wurde er zum irischen Symbol und artete im 19. Jahrhundert dank der irischen Diaspora vor allem in Großbritannien und den USA zum großen Feiern der irischen Sache aus, was auch immer Einzelne darunter verstehen mögen.

Patrick: Schutzheiliger und Gottes PR-Mann

Eigentlich ist der irische Nationalfeiertag am 17. März eine Totenfeier. An diesem Tag, je nach Legende zwischen 460 und 490 n. Chr., soll der römische Beamtensohn Patrizius aus England gestorben sein. Anders als die meisten Heiligen der katholischen Kirche war er kein Märtyrer, sieht man einmal davon ab, dass er im Alter von 16 Jahren von irischen Räubern entführt und als Sklave verkauft wurde. Der junge Christ verbrachte sechs Jahre mit Viehhüten auf dem Slemish Mountain im heutigen County Antrim und muss sich in dieser Zeit wohl seine ganz spezielle Rache ausgedacht haben. Offiziell betete er zu seinem Gott und bat um Rat.

Schließlich gelang ihm die Flucht zurück nach England, er vertiefte sich in seine theologischen Studien und kehrte mit einer beachtlichen Gefolgschaft zurück ins heidnische Irland, um sein Missionswerk zu beginnen. Er war keineswegs der erste christliche Missionar in Irland, aber gewiss der gerissenste und beharrlichste.

Die Druiden hassten ihn, ebenso die vielen lokalen Könige, die ihn als Bedrohung ihrer Macht sahen. Aber Patrick erfand den mittlerweile bewährten christlichen Trick, alte heidnische Stätten mit christlicher Symbolik zu überdecken und sich nicht an die Menschen als solche zu wenden, sondern an die jeweiligen Herrscher.

Den größten Widerstand lieferte ihm Laoghaire, der Hochkönig von Tara, dem er die Dreieinigkeit Gottes mittels des dreiblättrigen Kleeblatts zu erläutern versuchte. Der König widerstand, unterlag aber schließlich den vielen Höflingen und Familienmitgliedern, die Patricks Lehre folgten.

Genaues ist über Patricks Leben nicht bekannt. Seinen Ruhm jedoch begründete er selbst, indem er schon zu Lebzeiten seine Memoiren *Confessio,* Bekenntnis, veröffentlichte – ein Schönschreiben eines Lebens, das jedem politischen Imageberater zur Ehre gereicht hätte.

Wusstet ihr eigentlich, dass Patricks Farbe eigentlich Blau war? Wie der irische Reisepass und das irische Wappen, die noch immer das traditionelle Blau zeigen. Grün als Landesfarbe hat sich erst später entwickelt, dank des berühmten Kleeblatts, mit dem Patrick uns armen Heiden die Dreieinigkeit Gottes erklärte. Mittlerweile ist Grün so synonym mit Irland, dass besonders in Amerika am St. Patrick's Day alles grün gefärbt oder angestrahlt wird: Gebäude, Gewässer und sogar Bier! Eine Unsitte, die mittlerweile auch die Dubliner angenommen haben.

Kommentar von: Tina

Seid froh, dass ihr nicht nach Dublin gefahren seid. Das ist der absolute Wahnsinn, und zwar nicht nur wegen der Iren, sondern wegen der vielen Touristen, die irischer als die Iren sein wollen.

In Dublin dauert der St. Patrick's Day mittlerweile fast eine Woche. Wie die Leute das aushalten, ist mir ein Rätsel. Aber ich denke, dass Guinness bzw. der Alkoholkonzern, zu dem nicht nur Guinness gehört, dahintersteckt. Der sponsert nämlich zahlreiche Festivals und Gelegenheiten, bei denen Alkohol eine Rolle spielt. Das hat nun gar nichts mehr mit Tradition zu tun, sondern nur noch mit blankem Profit.

In Dublin, und auch in vielen anderen Städten Irlands, wird im Grunde kein Heiligentag mehr gefeiert, sondern nur noch Kommerz, gespickt mit Multikulti-Sambatruppen, Werbung für Lebensversicherungen, Banken und Elektrizitätswerke – wie irisch ist das denn? Na ja, genau genommen sehr irisch: Hauptsache es macht Spaß und bringt Geld.

23 *Sex and the country*

Jo schreibt:

Die Saison hat begonnen! Nach St. Paddy's und Ostern werden die Pubs gelüftet und jede Menge Festivals organisiert. Maggie sprach mich neulich an und fragte, ob ich nicht Lust hätte, mit nach Miltown Malbay, einem Küstendorf am Atlantik zu kommen, mit dem, wie sie sagte, »besten Festival Irlands«. Nur Mädels, kein Micha. Fünf Frauen auf Tour, na klar sagte ich zu. Und diesmal zog ich meine bequemsten Treter an, um nicht wieder in hochhackigen Stiefeletten zu stolpern wie damals in Ennis.

Maggie hatte organisiert, im Haus ihres Onkels in Miltown unterzukommen. »Ein bisschen schlicht, aber es reicht für eine Nacht. Ein Zimmer ist zur Festivalzeit ohnehin nicht zu kriegen. Außerdem ist Onkel Rory schon ein bisschen senil, den kriegen wir locker in den Griff.«

Wir trafen uns bei Maggie, die mich ihren Freundinnen aus den umliegenden Dörfern vorstellte. »Jo, das ist Anne. Sie arbeitet in einem Bioladen.« Anne trug einen langen bunten Rock, lange braune Haare und ein strahlendes Lächeln.

»Und das ist Catriona. Sie ist Lehrerin.« Braune Hosen, eine praktische blond gefärbte Kurzhaarfrisur und freundliches Kopfnicken. Wie eine Spaßbombe wirkte sie nicht gerade.

»Und hier ist Grainne, unser Paradiesvogel. Sie ist Journalistin und schreibt fürs Lokalblättchen und manchmal auch für die großen Zeitschriften.« Grainne war zwar kein Paradiesvogel, aber rothaarig, lebhaft und fröhlich rund. Wangenküsschen links und rechts.

»Und das ist Jo, Johanna oder Joanne oder Siobhan, wie es auf Irisch heißt. Unsere Dorfdeutsche. Sie macht was mit Schreiben.«

»Oh toll!«, rief Grainne. »Eine Kollegin.«

Nun ja, nicht ganz, aber mein Versuch einer Erklärung ging im allgemeinen Geschnatter und im ersten Gläschen Wein unter. Und dann ging's los.

Festivals im Dorf

Von Frühjahr bis Herbst und manchmal auch im Winter finden in ganz Irland verschiedene Dorffeste statt, in der Regel zu Ehren der traditionellen irischen Musik, die sehr ernst genommen wird. Es gibt Workshops und Konzerte, es treten die Größen der Szene auf und es kommen Besucher aus aller Welt, die mehr über irische Musik erfahren und v.a. die ausgelassene – und sehr irische Stimmung – erleben wollen. Die wird ihnen auch im Überfluss geboten. Nirgends ist Irland so irisch wie auf den Dorffesten mit ihren *sessions,* den spontanen Konzerten im Pub, wo manchmal mehr Musiker gemeinsam aufspielen, als es Gäste gibt.

Die einzige Straße in Miltown Malbay am Meer war voller Menschen, die von einem Pub ins nächste zogen. Dunkel erinnerte ich mich an den St. Patrick's Day, aber hier schien die Stimmung im Vergleich doch sehr viel entspannter. Zahlreiche Menschen rannten mit ihren Geigen- oder sonstigen Kästen herum, viele mit ernstem Gesicht.

Maggie führte uns an, von Pub zu Pub, auf der Suche nach der besten *session,* dachte ich in meiner deutschen Unschuld. *»Speculating«* nannte sie das.

»Was hat das mit Spekulieren zu tun?«, fragte ich.

»Na, wir spekulieren darauf, dass passende Männer unseren Weg kreuzen.« Maggie grinste.

»Und die Musik?« Manchmal schien ich wirklich etwas schwer von Begriff zu sein.

Maggie brach in schallendes Gelächter aus. »Musik? Die haben wir auch im Dorfpub. Dazu müssen wir nicht extra nach Miltown Malbay.«

Plötzlich sah ich die Frauen mit ganz anderen Augen. Alle auf der Suche nach Männern? Hm, Catriona war verheiratet, Anne betrieb ihren Bioladen mit ihrem langjährigen Freund, Grainne hatte auf der Autofahrt irgendeinen Lover erwähnt und ich hatte schließlich Micha. Nur Maggie war Single.

»Guck mal, Jo. Der Blonde mit dem Schnauzbart beäugt dich schon die ganze Zeit. Los geht's, *go on!*« Maggie gab mir einen Schubs.

Männer mit Schnauzbart? Außerdem war ich hier für einen Mädelsabend und für die Musik.

Catriona rückte derweil nah an einen Typen ran, dem ich nicht nachts in einer dunklen Gasse begegnen wollte: dunkles, grimmiges Gesicht, etwas schmuddelig und offensichtlich mit mehr als nur einem Bier hinter der Binde.

Grainne grinste. »Guck nicht so verklemmt. Jede Frau braucht etwas Spaß.«

»Aber sie ist doch verheiratet!«

»Na und? Was heißt das schon? Ihr Mann sitzt zu Hause, passt auf die Kinder auf und wird nie etwas erfahren.«

»Aber Liebe und Treue?«

Anne brach in schallendes Gelächter aus. »Kein Wunder, dass ihr Deutschen so wenig Spaß habt.«

Mittlerweile schlich sich der Schnauzbart an mich heran. Ich versuchte, nett zu sein, und lächelte, hielt mich aber an meiner vertrauten Handtasche vor dem Bauch fest.

»So«, sagte Schnauzbart, »was hältst du denn von Irland und von den irischen Männern? Ich heiße Jerry.«

Maggie gab mir einen weiteren Schubs von hinten, der mich direkt an Schnauzbart-Jerrys Brust warf, der auch prompt seine Arme um mich schlang.

»Ich wusste ja gar nicht, dass du so sehr auf mich stehst«, grinste er.

Ich trat ein paar Schritte zurück, soweit das in dem Gedränge möglich war, und funkelte die strahlende Maggie wütend an. »Bist du bekloppt? Ich will nichts von dem Kerl.«

»Klar willst du. Warum sonst gehen wir auf Festivals?«

Anne kam dazu und flüsterte knochentrocken: »Also wenn du den nicht willst, ich nehme ihn«, und schwirrte mit frisch geschminkten Lippen Richtung Schnauzbart, der die Alternative zu mir ohne mit der Wimper zu zucken buchstäblich umschlang.

Das fand ich dann doch etwas beleidigend. Aber Maggie packte mich am Arm und schleppte mich gleich zum nächsten Kandidaten.

»Tony«, kreischte sie über die Musik hinweg, »darf ich dir

meine neue Freundin Jo vorstellen?« Und wieder bekam ich einen Schubs in den Rücken.

Tony schien nicht sehr interessiert. Unter seinem schwarzen Lockenkopf schaute er mich mit zugegebenermaßen faszinierenden blauen Augen an und sagte freundlich »Hi«, bevor er sich wieder seinem Bier widmete. Also wenn Micha nicht wäre ...

Grainne drängte sich dazwischen und streckte ihre beachtliche Vorderfront dem Schwarzgelockten entgegen. »Du bist also Musiker? Kann ich dich interviewen? Ich bin Journalistin.«

Guter Anmachspruch, dachte ich. Respekt.

Ich suchte nach Maggie, die mit einem Rotschopf beschäftigt war, der mit ernster Miene auf sie einredete. Es ging wohl um Politik, wie ich den Wortfetzen entnahm. Maggie, die sich für Politik eigentlich nicht interessiert, schaute ihn ebenso ernsthaft, aber mit leicht abwesendem Blick an und nickte hin und wieder zu seinen Einlassungen.

Zart zupfte ich sie am Ärmel. »Ich glaube, ich gehe jetzt nach Hause. Also ins Haus deines Onkels.« Und viel Spaß noch.

Maggie winkte mich nur abwesend ab.

Als ich bei Onkel Rorys Haus ankam, brannte noch Licht. Rory, der wohl stramm auf die Siebzig zuging, öffnete mir die Tür.

»Ach, unsere Maggie hat doch immer wieder schöne Freundinnen! *Give us a hug!*« Er schlang seine schmalen Altmännerarme um mich, als wäre ich ein lang ersehntes Weihnachtsgeschenk.

Kommentar von: Shane

»*When Irish eyes are smiling* …« Hast du davon nicht immer geschwärmt, liebe Jo? So sind wir Iren nun mal. Wir lächeln mit den Augen und reden Blödsinn. Wir diskutieren nicht erst über die Psychologie des Teetrinkens oder über die beste Art des Brotbackens. Wir gehen zur Sache, um die es Teepsychologen und Brotbäckern ja im Prinzip auch geht. In dieser Hinsicht sind wir ehrlich. Da weiß jede(r) gleich, worum es geht, und muss sich nicht anstrengen, als potenzielles Heiratsmaterial oder Intelligenzbestie gut anzukommen.

Na gut, das klappt auch erst, wenn wir ein paar Bierchen intus haben. Im Grunde genommen sind wir nämlich ganz schön schüchtern und ziemlich verklemmt. Versuch doch mal, am helllichten Tag und völlig nüchtern und vor allem außerhalb des Pubs einen Mann anzusprechen. Wir Iren sind nur Draufgänger, wenn wir in der Gruppe oder angesäuselt sind. Am besten beides. Warum? Weil Frauen uns eine Höllenangst machen.

Das haben wir Mutter Kirche und der *mammy* zu verdanken. Die katholische Moral, dass Sex verwerflich und nur in der Ehe zum Kinderzeugen erlaubt sei, hat Generationen verunsichert und klingt noch immer nach. Wir glauben, jedenfalls offiziell, dass die Jungfrau Maria ohne Sex das Jesusbaby bekommen hat und dass dessen Leib sich in einer Oblate verbirgt, dass schon männliche Selbstbefriedigung Mord ist (all die Samenfädchen, die gute Katholiken werden könnten, fänden sie ein Ei) und dass Gott alles sieht. Auch im Schlafzimmer oder im Hinterhof vom Pub.

Und die *mammy? Mammy* ist eine Heilige. Klingt wie ein Klischee, aber irische Mütter schaffen es einfach, ihre Söhne derart zu verherrlichen und gleichzeitig mit katholischen Schuldgefühlen zu beladen, dass es ohnehin kaum eine Frau schafft, diese Konditionierung zu durchbrechen: Wir erwarten, dass uns jede Frau wie Prince Charming höchstpersönlich behandelt, und haben gleichzeitig eine Höllenangst vor selbstbewussten und frechen Frauen, die vielleicht auch noch Forderungen stellen. Da verstecken wir uns lieber hinter einem Glas Bier. Ist eine Frau zugänglich und nett, ist das in anderer Hinsicht gefährlich: Sie könnte ja darauf aus sein, geheiratet werden zu wollen.

Meine *mammy* ist übrigens klasse. Sie schickt mir regelmäßig Päckchen mit *Barry's Tea* und selbstgebackenen Keksen. Sie fragt mich auch immer, ob ich endlich eine Freundin hätte ...

Matchmaking in Lisdoonvarna

Matchmaking, Heiratsvermittlung, ist in Irland ein uraltes Geschäft, das bis heute blüht, besonders in einem weltberühmten Ort im County Clare: in Lisdoonvarna.

Das einstige Heilbad blickt auf eine über 200-jährige Tradition zurück. Damals kamen jeden September nach der Ernte die Bauern in den kleinen Ort, nicht nur um ihr Vieh zu verkaufen, sondern auch um eine Frau zu finden – und umgekehrt. Gefragt waren Partner mit Potenzial, das heißt Farmer mit ausreichend Landbesitz oder Frauen ebenfalls mit Land oder mit Geld. Beide wandten sich an einen Heiratsvermittler, der versuchte, die passenden Paare zusammenzubringen. Das ersparte die mühevolle eigene Kontaktaufnahme.

Noch heute zieht es zahllose Frauen und Männer – nicht mehr nur aus Irland, sondern aus der ganzen Welt – zum *Lisdoonvarna Matchmaking Festival*. Einige hoffen tatsächlich auf einen Partner fürs Leben – oder wenigstens zum Kühemelken. Kontaktbörse für ernsthafte Bewerber ist nach wie vor der offizielle Heiratsvermittler, der sich rühmt, so manches Paar zusammengebracht zu haben. Die meisten Besucher kommen jedoch wegen der Gaudi und wegen des weltweiten Rufs dieses einzigartigen Festivals. Wenn dabei auch noch ein Partner oder eine Partnerin herausspringt, umso besser. Und sei es nur für einen *fling,* ein kurzzeitiges Abenteuer.

Auf dem Land ist diese *mammy*-Prägung sicherlich noch etwas stärker ausgeprägt als in der Stadt. Junge Frauen fliehen aus der dörflichen Enge, junge Männer übernehmen Papas Farm, wenn Papa Glück hat. In den alten Zeiten erbte zwangsläufig der älteste Sohn die Farm, sobald sich die Eltern aufs Altenteil zurückzogen oder starben. Deswegen konnte er in der Regel auch erst spät heiraten und somit eine Familie ernähren, wenn er überhaupt eine Frau fand. Und so sind die alten, und manchmal auch jungen, alleinstehenden Männer verzweifelt auf der Suche nach einer Frau oder wenigstens nach Sex.

Kommentar von: Tina

Tja, liebe Jo, da hast du die irischen Männer in Reinkultur erlebt. Und die Frauen, wenn sie erst einmal losgelassen sind. Wir wissen ja, dass unser Shane selbstverständlich ganz anders ist, auch wenn mich die Bemerkungen über seine *mammy* doch etwas stutzen lassen.

Als ich damals nach Irland zog, hatte ich auch dieses Ideal vom irischen Mann: draufgängerisch, charmant, einfühlsam, intelligent und gut aussehend. Ich hatte wohl zu viele Filme mit Colin Farrell, Daniel Day-Lewis oder Pierce Brosnan gesehen.

Was ich in Irland erlebte, war kurzbeinig, rundlich und oft mufflig oder einfach nur allzu direkt und ziemlich unoriginell. Besonders die alten Knacker. Die wollen einem sofort an die Wäsche. Haben ja nicht mehr viel zu verlieren, der letzte Versuch sozusagen.

Nervig sind vor allem jene, die sich für Gottes Geschenk an die Weiblichkeit halten. Und die gibt es in jeder Altersgruppe. Gleichzeitig brauchen die aber auch Bestätigung von Frauen, weswegen sie den ganzen bierigen Charme aufleuchten lassen, um sich anzubiedern oder um cool zu spielen, wenn sie erst einmal die Aufmerksamkeit der holden Weiblichkeit errungen haben.

Die Irinnen kennen ihre Pappenheimer. Deswegen gehen sie auch gern in Gruppen aus und sehen zu, dass sie ihre Freundinnen mit dem nächstbesten Mann, der auch auf der Suche ist, verkuppeln – und dabei klammheimlich auch noch ein Abenteuer abstauben. Das sind Paarungsrituale, die ich nie begriffen habe. Dabei spielt es überhaupt keine Rolle, ob man oder frau bereits eine Partnerin oder einen Partner hat.

Ich frage mich, was die Priester aus solchen Beichten machen? Wenn solche Sünden überhaupt als beichtenswert erachtet werden.

Kommentar von: Micha

Irische Paarungsrituale? Ich sag da gar nichts zu. Ich esse Popcorn und amüsiere mich.

24 Tierliebe auf Irisch: *It's only a dog*

Jo schreibt:

Wir haben jetzt einen Hund. Und drei Katzen. Und das kam so:

Oft spaziere ich mittags zur Erholung durch die Natur, um meinen Kopf frei zu bekommen. Dabei gesellen sich immer irgendwelche Hunde zu mir. Die laufen hier im Dorf frei herum und freuen sich, wenn sie Begleitung haben. Auch ich freue mich. Das ist wie mit Nichten und Neffen. Man hat sie für einen kurzen schnuckeligen Moment, aber muss keine Verantwortung übernehmen und kann am Abend sagen: Tschüss und bis zum nächsten Mal.

Dann kam Wuschel. Ich nannte ihn so, weil er, nun ja, wuschelig war und ausgesprochen süß. Er wurde zu meinem ständigen Begleiter und wartete bereits vor seinem heimischen Farmhaus auf mich, wedelte mit dem Schwanz und marschierte fröhlich mit mir über die Feldwege und wieder zurück.

Irgendwann lief er mit bis zu unserem Haus und wartete so lange vor der Tür, bis ich wieder herauskam. Also lockte ich ihn mit Würstchen zurück zu seinem Bauernhof. Kaum versuchte ich mich unauffällig davonzuschleichen, folgte er mir auch schon wieder mit wedelndem Schwanz und treuherzigem Blick. Irgendwann klingelte ich bei seiner Familie, um sie wissen zu lassen, dass Wuschel immer bei uns war.

»Das macht doch nichts«, sagte die Farmersfrau. »Gib ihm einen Tritt, und er kommt schon zurück.«

Einen Tritt? Ich trete doch keinen Hund!

Wuschel machte es sich zur Angewohnheit, nachts an unserer Tür zu kratzen. Bereits im Tiefschlaf hörte ich sein kleines Wimmern und konnte nicht anders, als ihn ins Haus zu lassen. Er durfte dann auf unserem Sofa schlafen – sehr zu Michas Unbehagen, war dies doch seine Domäne. Doch nie würde ich Wuschel raus in die dunkle Nacht zu dieser grässlichen Frau jagen.

Eines Tages lief ich wieder fröhlich mit Wuschel über die Feldwege, da sprang er über eine niedrige Hecke auf eine Schafweide. Der Hund jagte den Schafen hinterher, dass sie nur so über die Weide stoben. Zum Glück war Wuschel ja klein und griff sie nicht an. Er spielte mit den Schäfchen, dachte ich.

Plötzlich sah ich, dass ein Farmer, der in der Nähe beschäftigt war, zu seinem Jeep rannte und aus dem Kofferraum ein Gewehr holte. Mir blieb fast das Herz stehen. Und dann schoss er auf Wuschel. Mehrmals. Ich hörte nur ein Quieken, dann herrschte Totenstille, nicht nur in meinem Kopf. Wuschel war tot.

Wütend rannte ich auf den Farmer zu. »Sind Sie total verrückt geworden? Sie haben den armen Hund erschossen!«

»War das Ihr Hund?«

»Nein, aber das spielt doch keine Rolle. Sie können doch nicht einfach einen Hund erschießen!«

»Seien Sie froh, dass ich Sie nicht verklage, weil Sie den Hund frei rumlaufen lassen«, brummte der Farmer, klappte sein Gewehr zusammen und verstaute es wieder im Kofferraum.

Ich war den Tränen nahe.

Als Micha abends nach Hause kam, war ich nur noch ein Häufchen Elend. Wie können die Iren so grausam sein? Wie können die einen kleinen Hund erschießen, der einfach nur auf einer Schafweide herumtollt?

Am Wochenende fuhr Micha mit mir zum Tierasyl in Ennis, um einen Hund zu adoptieren und um mich über meinen schweren Verlust hinwegzutrösten. Mir brach das Herz. Da standen all die armen Tiere in engen Käfigen und guckten traurig oder erwartungsvoll. Eines war schlimmer als das andere. Am liebsten hätte ich sie alle mitgenommen. Zum Schluss fällte Micha die Entscheidung für einen kleinen Mischling, der zwar kein Wuschel war, aber einen so treuherzigen Blick hatte, dass ich mich gleich in ihn verliebte.

Und dann kamen die Katzen.

Vor dem Dorfladen krabbelten drei kleine Katzenbabys herum.

»Oh, sind die süß. Gehören die euch?«, fragte ich den Ladenbesitzer.

»Die kannst du alle haben. Morgen müssen die ohnehin weg.«

»Wieso?«, fragte ich.

»Sind zu viele, alles Ungeziefer. Eine Katze reicht, um die Mäuse vom Schuppen fernzuhalten.«

Katzen sind Ungeziefer?

»Und was geschieht mit den Kätzchen?«

Ein schräger Blick. »Willst du gar nicht wissen.«

»Die kommen in den Sack und ab in den See«, grinste ein ältlicher Kunde.

»Ich nehme sie alle mit!« Ich war wild entschlossen.

Als Micha am Abend nach Hause kam, war er geschockt. Ein verwirrter, bellender Hund und drei Miezenbabys begrüßten ihn. Ich wirbelte mit dem Wischmop und Lufterfrischer durchs Haus. Die Viecher besaßen keine eingebaute Stubenreinheit.

»Kommt überhaupt nicht in Frage, dass ich hier mit einer verrückten Katzenfrau lebe!« Micha versuchte wütend zu sein, konnte sich aber ein Grinsen nicht verkneifen und knuddelte den kleinen schwarzen Kater, der sich an sein Hosenbein gekrallt hatte.

Das war es dann.

Und wenn ich die armen vernachlässigten Pferde sehe, die ein anderer Farmer auf seiner Weide hält ...

Tiere retten

Die größte Tierschutzorganisation ist die *ISPCA* (*Irish Society for the Prevention of Cruelty to Animals* – Irischer Verein zur Verhinderung von Grausamkeit gegen Tiere), die sich um misshandelte oder vernachlässigte Tiere jeglicher Art kümmert. Sie betreibt auch die *pounds*, die Tierheime, in denen v.a. verwahrloste streunende Hunde bis zur Einschläferung aufbewahrt werden.

Hinzu kommen etliche private Tierrettungsstationen, die *animal rescues*, die auf Spenden angewiesen sind und auf die freiwillige Mithilfe von Tierfreunden bauen. Es gibt Tierheime für Esel, für Pferde, für Hunde und Katzen. Aber auch hier finden die Tiere nicht immer ein liebevolles neues Zuhause. Es sind einfach zu viele.

Viele Tierbesitzer investieren weder Geld noch Mühe, um ihre Haustiere sterilisieren zu lassen. Und so vermehren sich Hunde und Katzen ohne absehbares Ende.

Kommentar von: Tina

Hunde werden in Irland nicht so verzärtelt, wie wir es gewohnt sind. Und sie werden selten im Haus gehalten. Auf dem Land laufen sie, wie ihr schon gemerkt habt, frei herum. Wird einer überfahren, was oft vorkommt, holt man sich eben einen neuen aus dem Tierheim oder aus dem Wurf irgendeines Nachbarhundes.

Hund als Haustier, als Familienmitglied, ist für viele Iren ein unbekanntes Konzept. Es sind trainierte Schäferhunde, Jagdhunde oder Rennhunde, deren Wert sich nach ihrer Nützlichkeit bemisst, nicht nach der emotionalen Bindung. Werden sie alt oder krank und können ihren Zweck nicht mehr erfüllen, werden sie ausgesetzt. Das sind etwa dreißig Hunde pro Tag. Wenn die Glück haben, finden sie ein neues Zuhause, wenn sie Pech haben, werden sie entweder beim Wildern erschossen, geschwächt vom Auto überfahren oder vom Tierfänger aufgegriffen und ins Tierasyl gebracht.

Warum Letzteres Pech ist? Weil sie dort nach etwa fünf Tagen eingeschläfert werden, weil einfach nicht genug Raum vorhanden ist. Um die 10.000 Hunde werden aus diesem Grund jährlich eingeschläfert.

Die meisten privaten Tierheime hingegen schläfern grundsätzlich keine Tiere ein. Sie versuchen, die Tiere an ein gutes Zuhause zu vermitteln, was bei dem Überangebot nicht immer einfach ist. Sie nehmen auch Katzen und manchmal auch andere Kleintiere auf. Aber Katzen zu vermitteln ist ein ganz anderes Kapitel. Die gibt es, vor allem auf dem Land, in einer solchen Masse, dass sie von vielen Menschen eben als Ungeziefer betrachtet werden.

Kommentar von: Shane

Eines muss ich zunächst klarstellen: Der Farmer, der deinen Wuschel erschossen hat, war vollkommen im Recht. Ein Hund mag zwar »nur spielen« oder seinen Jagdtrieb ausleben wollen, ohne den Schafen physisch zu schaden, aber Schafe sind sensible Tiere. Unter Stress, also wenn sie z. B. gejagt werden, verlieren trächtige Schafe ihre Lämmer (die Lammzeit ist übrigens in der Regel von Dezember bis Mai).

Ein anderes Problem ist, dass von Hunden gejagte Schafe oft eine generelle Angst vor diesen Tieren entwickeln und in der Folge ihrem Schäfer und seinem Schäferhund nicht mehr gehorchen. Größere Hunde attackieren die Schafe übrigens auch physisch und töten sie mitunter. Für den Farmer ist das ein herber wirtschaftlicher Verlust. Schafzucht ist immerhin der viertgrößte Wirtschaftsfaktor Irlands. Sein Einkommen wird er daher auch mit dem Gewehr verteidigen, was völlig legal ist.

Davon abgesehen gehören wir Iren, wie Tina schon sagte, zugegebenermaßen nicht zu den großen Tierliebhabern dieser Welt. Tiere sind nützlich oder eben nicht, bestenfalls Statussymbole, wie im Fall von Pferden oder Zuchthunden, aber sie sind keine Seelenfreunde.

Besucht übrigens mal den großen Pferdemarkt in Ballinasloe im County Galway oder in Dublin den Smithfield Market, wo jeder Pferdefreund schreiend davonlaufen möchte. Dort werden neben all den edlen Huftieren auch furchtbare Klepper angeboten, denen ganz offensichtlich jegliche Fürsorge abging. Die sind dann manchmal für zehn Euro zu haben.

Als 2008 die Wirtschaftskrise über uns hereinbrach, setzten viele Pferdebesitzer, die sich den Unterhalt ihres Rosses nicht mehr leisten konnten, ihre Tiere einfach in der freien Natur oder am Stadtrand aus, wo sie oft mangels Futter elendig zugrunde gingen. Gleichzeitig halten wir Pferde so hoch in Ehren, dass wir sie nie und nimmer essen würden. Pferdewurst käme bei uns Hundeschnitzel gleich, und wer würde das denn essen? Wir nehmen auch kein Kalbfleisch zu uns, weil: Kälber isst man einfach nicht.

Kurzum, unser Verhältnis zu Tieren ist sehr zwiespältig und oft eher pragmatisch als verknuddelt.

25 Wo geht's denn hier zum Krieg?

Micha schreibt:

Ich bin erledigt. Christian war hier, mein siebzehnjähriger Neffe, der endlich mal seine abenteuerliche Ader ohne Eltern ausleben wollte. Und wo könnte er das besser tun als bei uns in Irland. Meinte er. Meinten auch seine Eltern, die bei Abenteuer mehr an Wanderungen durch die wilde Natur und bestenfalls ans Surfen im Atlantik gedacht hatten. Wie wir ihm Abenteuer auf dem Land im Westen Irlands bieten sollten, war mir ein Rätsel. Es war Mitte Juli, und wir hatten uns beide eine Woche freigenommen, um selbst mal wieder etwas Urlaub zu haben.

Der karottenköpfige Christian inspizierte nach seiner Ankunft für eine halbe Stunde unser Dorf, um festzustellen, dass hier der Hund begraben sei. »Wo ist denn bei euch was los?«, fragte er. »Irgendwo Rebellen, Aufstand, IRA?«

Ah ja. Christian hatte sich prima vorbereitet.

»Wir wär's mit einem Höhlenbesuch, einer alten Burg und einer Bootstour, um Delfine und Wale zu beobachten?« Jo hatte ein ganzes Jugendlichenprogramm zusammengestellt.

»Gähn«, sagte Christian. »Im Internet habe ich spannende Sachen von Irland gesehen, Bomben und so. Auf YouTube war ein toller Clip über Krawalle in Belfast. Können wir das live sehen?«

Jo verdrehte die Augen. »Kids, eh?«

Statt eine Delfintour an der Shannon-Mündung zu genießen, packten wir also ein paar Sachen zusammen, buchten ein Dreibettzimmer in einem billigen Hotel in Belfast und machten uns auf den Weg. Die Stadt wollten wir ohnehin mal besuchen – warum also nicht jetzt?

Sagte ich bereits, dass es Mitte Juli war? Genauer gesagt, das Wochenende um den 12. Juli. Es schien, als ob Christians Wunsch in Erfüllung gehen sollte.

King Billy und der 12. Juli

Der 12. Juli ist der wichtigste Feiertag im Kalender der nordirischen Protestanten. Es ist der Jahrestag einer Schlacht am River Boyne im County Meath im Jahr 1690, ausgefochten auf irischem Boden im Nachfolgestreit um den englischen Thron – und entscheidend im Konflikt zwischen Katholiken und Protestanten.

König Jakob II., Sohn des englischen Königs Karl I. aus dem Hause Stuart und Nachfolger seines verstorbenen Bruders (König Karl II.), wurde von mächtigen Höflingen wegen seines Interesses, den Katholizismus wieder einzuführen, abgelehnt. Jakobs Tochter Maria war mit dem niederländischen Erbstatthalter Wilhelm von Oranien verheiratet. Beide waren protestantisch und wurden nach England gerufen, um den Thron zu übernehmen. Trotz einiger anfänglicher Erfolge im Kampf um den Thron floh Jakob schließlich nach Irland, wo er am 1. Juli 1690 am Boyne mit seiner Armee seinem Schwiegersohn und Widersacher Wilhelm unterlag. Dieser 1. Juli wurde nach Einführung des Gregorianischen Kalenders 1752 zum 12. Juli.

Kurz darauf wurden in Irland die *penal laws* eingeführt, Gesetze, die den Katholiken Irlands jegliche Rechte nahmen: Der Klerus wurde verbannt, die Ausübung der Religion sowie Landbesitz verboten.

1796 wurde in Nordirland, in Loughgall im County Armagh, der Oranier-Orden gegründet, der seither mit orangefarbener Schärpe mit lila Rand (nach dem lilafarbenen Stern der Armee von Wilhelm von Oranien) jedes Jahr den Sieg über die Katholiken feiert. Wilhelm von Oranien, liebevoll King Billy genannt, ist in protestantischen Stadtvierteln Belfasts überall als Wandbild auf seinem weißen Ross verewigt.

Unser Hotel lag mitten im Zentrum, ein riesiger, unpersönlicher Klotz, von dem aus alles zu Fuß zu erreichen war. Nach unserer Ankunft machten wir eine kurze Stadtbesichtigung. Merkwürdigerweise waren nicht viele Menschen unterwegs, und viel zu sehen gab es auch nicht.

Begeistert haben uns die Wandgemälde, zumindest in den Stadtteilen, die ganz offensichtlich katholisch waren. Da gab es die ganze Palette an internationalem Revolutionskitsch, sogar Kuba und Che Guevara waren vertreten. Meist war es aber farbenfrohe und augenscheinlich unpolitische Kunst. In den protestantischen Vierteln sah es etwas düsterer aus. Zwar gab es auch hier zahlreiche Wandbilder, die waren aber deutlich martialischer: maskierte Männer mit Maschinengewehren, immer wieder King Billy auf seinem sich aufbäumenden weißen Pferd und ganz viele britische Flaggen.

»Und? Wo wird hier noch gekämpft?«, fragte Christian mit leuchtenden Augen.

»Morgen«, grinste Jo, »morgen zeige ich dir, was Krieg ist – wenn du weiter so nervst.«

Den Abend verbrachten wir in der *Crown Bar*, einem Pub, wie es schöner nicht sein könnte. Dort tobte das Leben, es war laut, fröhlich und proppenvoll. Christian schmuggelten wir gewissermaßen rein, da Pubbesuche eigentlich erst ab achtzehn Jahren erlaubt sind.

Wir waren erst fünf Minuten im Getümmel, da sprach uns bereits ein älterer Mann an: »Na, wo kommt ihr denn her? Gefällt euch Belfast?«

Christian sprang gleich an: »Klar! Gibt es heute Nacht irgendwo Straßenkämpfe?«

Jo wandte sich ab und studierte aufmerksam die Buntglasfenster. Ich blickte dem Mann entschuldigend in die Augen.

Der grinste nur. »Och, Straßenkämpfe führen wir nach Feierabend, zwischen 18 und 20 Uhr. Danach trinken wir erst mal was. Aber morgen machen wir wieder richtig Krieg. Bist du dabei?«

»Logo! Mann ist das cool. Sind Sie in der IRA?« Christian war in seinem Element.

Der Mann machte ein ernstes Gesicht. »Selbstverständlich, mein Junge. Aber ich muss jetzt zurück an die Bar, um den nächsten Anschlag zu planen.« Er zwinkerte mir zu und wandte sich wieder seinen Begleitern zu, die kurz darauf in schallendes Gelächter ausbrachen.

Christian fiel die Kinnlade runter. »Cool, absolut cool.«

Jo hatte derweil ein sehr intensives Interesse an den geätzten Spiegeln und den originalen Gaslampen entwickelt.

Am nächsten Morgen wurden wir durch einen Höllenlärm von Trommeln und Pfeifen und dem Gestank von brennendem Gummi geweckt. Zentrales Hotel? Ganz schön zentral! Mitten im Geschehen, wie es schien.

»Es geht los!«, rief Christian und war schneller aus dem Bett, als es für einen notorischen Langschläfer üblich war. »Auf geht's!« Er zog sich sein grünes T-Shirt mit aufgedruckter irischer Harfe an. Auf in den Kampf, sozusagen ...

Auf dem Shaftesbury Square stand der Verkehr still und ein Häuflein von Oraniern herum, die darauf zu warten schienen, dass noch andere Gruppen und Marschmusiker eintrudelten und sie endlich losmarschieren konnten. Die Männer trugen schwarze Anzüge, schwarze Melonen auf dem Kopf und orange- und lilafarbene Schärpen. Protestanten, wenn ich das richtig verstanden habe. Alle Nebenstraßen waren von dicht an dicht geparkten Panzerwagen der Polizei abgesperrt, Polizisten in voller Kampfausrüstung standen ebenso eng beieinander am Rand des Geschehens. Die mussten in der Julihitze alle ganz schön schwitzen.

Christian strahlte – und machte sich schneller, als wir gucken und ihn zurückhalten konnten, an einen der Oranier ran. »Hallo, was passiert denn hier? Was machen Sie denn jetzt? Wo marschieren Sie denn hin?«

Der Mann guckte feindselig auf den Karottenkopf im grünen Irland-Shirt.

»Christian, komm her! Lass die Leute in Ruhe!«, rief Jo.

Der winkte nur ab und strahlte den Oranier weiter an, der schließlich etwas in einem kaum verständlichen Dialekt bellte, das ich in etwa so verstand: »... ein Recht, auf den Straßen der Königin zu marschieren ... ist unsere Tradition ... *no surrender* (keine Kapitulation) ...«

Christian verstand gar nichts, drehte sich ab und fing an, mit seinem Handy die Kampfeinsatzpolizisten zu fotografieren.

Gute Güte, dachte ich, der bringt uns noch alle in Schwierigkeiten, und rannte los, um den Knaben vor der Verhaftung zu bewahren. Schon legte einer der Polizisten den Arm um Christians Schulter, nahm ihm das Handy ab und stellte sich in Positur – und knipste sich mit einem selig grinsenden Christian unter dem Lachen eines anderen Behelmten.

»Cool«, sagte mein glücklicher Neffe, »und jetzt gehen wir zur IRA, oder?«

Kommentar von: Shane

Da habt ihr aber Glück gehabt, dass Christian mit seinem Irland-Shirt nicht tatsächlich in die Bredouille gekommen ist. Normalerweise wird so etwas als Provokation gesehen, jedenfalls im falschen Viertel und bei der falschen Truppe. Und auch Glück gehabt, dass es wegen seiner Sprachkenntnisse offensichtlich war, dass er Ausländer ist. Obwohl mancher orangefarbener Starrkopf es auch für einen »südirischen« Akzent hätte halten können.

Ich hätte mich trotzdem nicht um den 12. Juli herum nach Belfast oder an andere Hotspots in Nordirland getraut. Bei uns Iren sitzen Misstrauen und die Nachwirkungen von Katholikenhass und Bürgerkrieg noch zu tief.

Nordirland und die *troubles*

Etwa 30 Jahre dauerten die *troubles,* der Bürgerkrieg in Nordirland, an, bis 1998 das Belfaster Friedensabkommen in Kraft trat.

Es begann mit der Unabhängigkeit Irlands 1921, bei der nach harten Verhandlungen die sechs Countys, die heute Nordirland bilden, Großbritannien überlassen wurden. Der folgende Bürgerkrieg zwischen den Parteien, die sich auf der einen Seite mit der neuen Unabhängigkeit zufrieden gaben und auf der anderen noch um die verbliebenen sechs Countys kämpften, endete zwar offiziell 1923, setzte sich aber durch zunächst vereinzelte Guerilla-Aktionen der IRA (Irisch-Republikanische Armee) in Nordirland fort.

Im Kampf zwischen den loyalistischen (überwiegend protestantischen) und nationalistischen (überwiegend katholischen) Gegnern ging es weniger um die Religionszugehörigkeit, sondern v.a. um Privilegien und Gerechtigkeit. Katholiken wurden im Norden noch immer massiv benachteiligt, weil die damalige protestantische Mehrheit dafür sorgte, dass die Machtverhältnisse in ihrem Sinne ausfielen.

Ende der 1960er-Jahre bildete sich in Nordirland eine Bürgerrechtsbewegung, die auf friedliche Art gleiches Recht für alle forderte. Die protestantischen Unionisten sahen das als Provokation, Kämpfe brachen aus, die britische Armee wurde entsandt und die Gewalt eskalierte.

Die alte IRA hatte seit dem Bürgerkrieg kaum noch eine Bedeutung und war der neuen verschärften Situation offenbar nicht gewachsen. Es bildete sich aus meist jungen, zornigen Menschen eine neue, die Provisional IRA, oder kurz: die Provos, die mit Bomben und Gewehren gegen die britische Regierung und deren loyale (und loyalistische) Unterstützer vorging. Die Konfrontationen wurden immer gewalttätiger, beide Seiten immer brutaler, und führten schließlich zu jenen 30-jährigen *troubles,* die bis zum Friedensschluss von 1998 über 3.600 Tote und mehr als 30.000 Verletzte forderten – und ein kleines Volk im Norden Irlands, das bis heute die seelischen Narben trägt.

Aber keine Sorge, der Oranier-Orden ist eigentlich nur ein Häufchen alter Knacker, die noch immer an ihrer »Tradition« festhalten und aus Gewohnheit am 12. Juli marschieren. In der Regel läuft das friedlich ab, ist ja auch genug Polizei vor Ort, die aufpasst, dass nichts aus dem Ruder läuft. Wenn alles gut geht, gleicht es einem protestantischen Familienausflug mit viel Musik und Trara, anschließendem Festessen und dem üblichen Besäufnis, dem auch irische Protestanten nicht abgeneigt sind.

Wenn es nicht so gut geht, werden Alkohol und alte Animositäten und vielleicht auch die Macht der Gewohnheit dafür sorgen, dass die Aktion doch aus dem Ruder läuft – ähnlich wie bei den Maikrawallen in Berlin. Zu Ausschreitungen kommt es meist dann, wenn die Oranier darauf bestehen, durch Straßen zu marschieren, die überwiegend katholisch sind. Das Ganze untermalt mit Sprüchen wie »Wir haben das Recht, auf dem *Queen's Highway* zu laufen«, also auf den Straßen der Königin. Das allerdings ist reine Provokation, denn es wird im Vorfeld von einer Kommission geregelt, wo marschiert werden darf, eben um Auseinandersetzungen zu vermeiden.

Die IRA gibt es übrigens schon lange nicht mehr, nur noch ein paar Splittergrüppchen, die noch immer glauben, dass der Kampf nicht zu Ende sei, und selbst bei uns Republik-Iren keine Sympathien mehr genießen.

Falls ihr die katholisch-nationalistische Falls Road besucht habt, werdet ihr sicher noch genug Rebellionsromantik gefunden haben – meist mit einem zwinkernden Auge, wie ihr es auch in der *Crown Bar* erlebt habt.

Kommentar von: Tina

Christians Erlebnis in der *Crown Bar* – typisch Belfast! Die kennen ihre Touristen-Pappenheimer und machen sich einen

Höllenspaß, denen dicke fette Bären auf die Nase zu binden. Ich habe mal für ein paar Tage eine Freundin in Belfast besucht, die mich natürlich auch in die *Crown Bar* geschleppt hat. Ihre Freunde dort amüsierten sich gerne mit *»tourist spotting«* und sprachen die armen Ahnungslosen auch immer an. Was natürlich gut ankommt, von wegen die netten Belfaster und so. Und sie wissen auch ganz genau, warum Touristen nach Belfast kommen: Die wollen die Spuren des Kriegs, wilde Gesellen mit Knarre im Stiefel sehen und Geschichten von Kampf und Freiheit und dergleichen hören.

Wird mit Wonne geliefert. Und das mit viel Ausschmückung und – je später der Abend – mit umso mehr Schwachsinn. Die Belfaster haben einen unglaublichen und oft recht morbiden Humor, was ja auch kein Wunder ist, wenn man jahrzehntelang auf einem Pulverfass gelebt hat. Selbst die Polizei, die überall sonst in der Welt eher als humorlos und rigide bezeichnet werden kann und in Belfast, wenn es ernst wird, keine Gnade kennt, spielt manchmal beim Touristenspielchen mit. Und so ein Junge, der strahlend alles »cool« findet, wird prompt bedient. Passiert ja auch nicht oft, dass sie mit so viel offenherzigem Interesse behandelt werden.

Die Belfaster haben allerdings auch die profitable Seite des Kriegstourismus erkannt. Die beliebtesten Touren sind die zu Stätten mit blutiger Vergangenheit und natürlich zu den berühmten Wandbildern. Die katholischen Nationalisten haben das als Erste erfasst, die protestantischen Unionisten versuchen nachzuziehen. Zugegebenermaßen fehlt es ihnen meist an Humor. Die nehmen die Sache noch etwas zu ernst.

Ansonsten ist Belfast eine weitgehend harmlose Stadt, in der die alten Trennungslinien mehr und mehr verwischen. Nun ja, nicht völlig harmlos: Es gibt dort das ausgelassenste Nachtleben in ganz Irland – da kann selbst Dublin einpacken.

26 *Any scandal? oder:* Ein schöner Unfall

Jo schreibt:

Ich hatte meinen ersten Autounfall. Irgendwann musste das ja passieren mit dem Linkslenker auf der linken Straßenseite. Keine Sorge, ich bin unverletzt, das Auto auch weitgehend. Aber es war ein faszinierendes Erlebnis. Also:

Die Landstraße zwischen unserem und dem Nachbardorf ist sehr kurvig und schmal. Aber ich bin die schon so oft gefahren, dass ich sie wie meine Westentasche kenne. Glaubte ich. Jedenfalls nahm ich eine der Kurven (ein wenig) zu eng, fuhr also (etwas) zu dicht an den Straßenrand und schlitterte in den Graben. Da hing also unser Auto mit zwei Reifen im tiefen Matschgraben und mit den anderen beiden fast in der Luft. Und vorne aus der Motorhaube dampfte es.

Ich stellte den Motor ab und sprang aus dem Auto. Die Straße ist selten befahren, und so stand ich wie ein Depp für einige Zeit mutterseelenallein herum und wusste nicht, was tun. Polizei? Abschleppwagen? Micha?

Das erste Auto hielt sofort an.

»Are you all right, love?«, fragte der Mann.

Ich nickte, aber er fuhr dennoch an die Seite und stieg zusammen mit einer Frau aus, die tröstend auf mich einsprach. Der Mann umzirkelte meinen Wagen und guckte fachmännisch.

Das zweite Auto bremste ebenfalls sofort. Und gleich dahinter ein drittes. Plötzlich war ich von lauter hilfsbereiten Iren umgeben, die unser Auto bestaunten und mich voller Empathie anschauten.

»Das ist eine gefährliche Kurve«, sagte einer. »Weißt du noch«, wandte er sich an seine Begleiterin, »wie Mac hier mal reingerast ist? Das dauerte Stunden, bis wir sein Auto wieder rausbekamen.«

»Aber Mac war betrunken, und es war Nacht«, wandte die Begleiterin ein.

»Die Kurve ist trotzdem gefährlich«, meinte der Mann trocken.

Mittlerweile standen etwa sechs Autos vor und hinter meinem gestrandeten Fahrzeug.

»Wir müssen den Verkehr regeln«, sagte ein älterer Fahrer, »sonst gibt es einen Auffahrunfall.« Dann stellte er sich wie ein Verkehrspolizist mitten auf die Fahrbahn und harrte der Dinge, die da kommen könnten.

Es kamen zwei Autos, die er mit ernster Autorität an unserem kleinen Stau vorbeilotste und denen er eine weitere Parklücke am Straßenrand zuwies – um sich dann wieder aufmerksam mitten auf die Straße zu stellen.

»Ich glaube, ich rufe am besten einen Abschleppwagen. Und die Polizei«, warf ich ein.

»Brauchen wir nicht, kostet auch zu viel«, meinte einer aus der Gruppe. »Das regeln wir schon.«

»Ich hole Jerry *down the road*«, sagte eine Frau, »der hat einen Traktor und kann das Auto rausziehen», und marschierte los.

Ich stand derweil wie ein Requisit neben dem Geschehen.

»Wie ist das denn passiert?», fragte schließlich eines der Helferlein.

»Also, ich weiß auch nicht, irgendwie bin ich wohl etwas zu schnell gefahren, und mit dem Linkslenker ...«, stotterte ich. Hätte jetzt gerne eine geraucht, aber ich hatte das ja aufgegeben.

»Die nassen Herbstblätter, da muss man vorsichtig sein, die geben eine tolle Rutschpartie in solchen Kurven ab.«

Herbstblätter? Es ist Sommer!

»Weißt du noch, wie Joe auf dieser Straße ums Leben kam? Tragisch.«

»Der fuhr aber mit dem Fahrrad.«

»Da sieht man mal wieder, dass nichts sicher ist. Seine Mutter hat mir so leid getan.«

»Ach, wie geht es ihr eigentlich? Habe lange nichts von ihr gehört.«

Der spärliche Verkehr wurde vom freiwilligen Verkehrsregulierer weiterhin mustergültig geregelt, sogar ein Lastwagen geschickt zwischen die parkenden Autos dirigiert, während alle anderen weiterhin lebhaft diskutierten. Wer nicht selbst parkte, um seinen Senf zum »Verkehrsstau« beizutragen, wurde von den Anwesenden angehalten und ausführlich über den Unfallhergang informiert.

Ich bekam nur Fetzen mit. Meine kleine Geschichte weitete sich allmählich zur Katastrophe aus: »fast überschlagen«, »ein Glück, dass wir nicht reingerast sind«, »Massenkarambolage«, »Explosion«.

Im Geiste las ich bereits im Lokalblättchen Schlagzeilen über einen gefährlichen Unfall mit Dutzenden Totalschäden und ebenso vielen Toten. Unbemerkt setzte ich mich hinters Steuer und startete den Wagen. Vielleicht kriegte ich ihn ja langsam, aber sicher wieder raus. Es schien ja nichts kaputt zu sein. Das Auto startete fein, aber es schlidderte nur halbreifig im Matsch.

Sofort war ich wieder von Leuten umringt, die mir Anweisungen gaben: »Nicht zu viel Gas!«, «Mehr Gas!«, »Nach rechts lenken!«, »Gar nicht lenken!«.

Wo blieb eigentlich die Frau, die den Mann mit dem Traktor holen wollte?

Schließlich hielt ein kleiner weißer Van. Ein freundlicher junger Mann stieg aus und schnappte sich zwei weitere Männer, die er anwies, das Auto auf der Straßenseite runterzudrücken, damit die Reifen besser griffen. Dann gab er vorsichtig Gas – und mein Wagen bewegte sich Zentimeter um Zentimeter aus dem Graben. Ich hätte ihn umarmen können. Er zwinkerte mir zu und machte sich wieder von dannen. Und ich konnte mich unter viel Hallo und Glückwünschen endlich auch wieder auf den Weg machen.

Auf der Rückfahrt vom Nachbardorf nach Hause musste ich meine »Unfallstelle« erneut passieren. Drei Autos und ein Traktor parkten noch neben dem Graben, deren Insassen ausgestiegen waren und sich fröhlich unterhielten. Und der freiwillige Verkehrsregulierer, der noch immer nach ankommenden Autos Ausschau hielt, blickte etwas verloren auf die Straße, aber winkte mich schließlich freudestrahlend und mit einem kleinen Salut durch unseren »Stau« hindurch.

Kommentar von: Tina

Nichts lieben die Iren so sehr wie das Unglück der anderen – und damit ist keine Schadenfreude im engeren Sinne gemeint. Da kann passieren, was will, ob du dir nun den Hals brichst oder dir nur die Eiswaffel auf den Boden fällt, sobald auch nur irgendetwas passiert, ist das Anlass für eine intensive Diskussion über alles Mögliche, und wie üblich kommen die Iren dann von Hölzchen auf Stöckchen. Letztendlich geht es gar nicht mehr um den Unglücksraben, sondern nur um Variationen von Unglück an und für sich. Das bietet Gesprächsstoff für Jahre, wenn nicht gar Generationen. Es ist eine neue Farbe im Gewebe einer kleinen Gemeinde. Ab sofort bist du die Deutsche, die beinahe in einem tiefen Graben ums Leben gekommen wäre.

Fragt mal in eurem Dorf diskret herum, also erwähnt den Unfall, dann werdet ihr Geschichten hören, darüber, wie jeder im Dorf mal etwas außerordentlich Tragisches erlebt hat. Dadurch lernt ihr mehr von den Leuten kennen als über jede direkte Frage.

Menschen werden nach ihrem Fehlverhalten oder ihren Unglücken definiert, nicht als eigene Charaktere beschrieben. Und wenn ihr euch mal an einen Namen nicht erinnern könnt, sagt einfach: »Der, dem das Haus abgebrannt ist« oder »Die, der ein Baum aufs Auto gestürzt ist«. Dann wissen gleich alle, um wen es sich handelt.

Kommentar von: Shane

Mir ist mal etwas Ähnliches – und doch mit gänzlich anderem Ausgang – in Deutschland passiert: Ich hatte einen leichten Unfall und stand total unter Schock (und mein Auto war wirklich kaputt). Meinst du, jemand hätte angehalten? Alle guckten, fuhren weiter und verließen sich auf den anderen. Ich hatte mich noch nie so einsam und verlassen gefühlt.

Da lobe ich mir doch meine Landsleute. Was immer passiert, sie sind da. Sie umringen dich mit Fürsorge, viel Geplapper und manchmal auch mit unpraktischer Hilfe, die aber immer gut gemeint ist. Hier wird niemand im Stich gelassen, auch kein Fremder.

Selbst die Geschichten von anderen Unglücksraben dienen letztlich dazu, einem die Angst zu nehmen, einem das Gefühl zu vermitteln, dass das jedem hätte passieren können und auch schon passiert ist. Das ist wie eine emotionale Tasse Tee mit Keks. Oder soziale Wärme, wie es etwas distanzierter in Deutschland bezeichnet wird.

Praktisch sind wir übrigens auch. Da kam doch schließlich dein Ritter-Retter zwar nicht auf einem weißen Pferd, aber immerhin in einem weißen Van – Irland von der liebenswürdigsten Seite. Und der Rest hatte seinen Spaß.

Abgesehen davon ist jegliches Ereignis außerhalb der Routine, ob nun Unglück oder nicht, tatsächlich immer eine schöne Gelegenheit, mal wieder den neusten Tratsch auszutauschen. Bist du schon mal über die Begrüßungsformel »*Any scandal?*« gestolpert? Sie ist die Einleitung zu einem längeren Plausch bzw. Tratsch und perfekt, um sich Höflichkeitsfloskeln oder den Umweg übers Wetter zu sparen.

Wundere dich übrigens nicht, wenn deine Unfallgeschichte im Lauf der Zeit immer abenteuerlichere Farben annimmt. Nichts wärmt am abendlichen Kamin mehr als eine heiße Tasse Tee und eine schöne Tragödie.

27 Ruhe in Frieden und Fröhlichkeit

Jo schreibt:

Jedes Mal, wenn im Radio die Nachrichten kommen, ertönen anschließend ein paar ernsthafte Takte, dann sagt jemand mit Grabesstimme an, wer wo und wann gestorben ist. Zum Beispiel: »Bridget O'Mara, geborene Kelly, besser bekannt als Bridie, ursprünglich aus Kilbaha, starb friedlich im Alter von fünfundachtzig Jahren in Dublin. Beerdigung auf dem Kilbaha-Friedhof ...«

Micha sagt dann oft mit sehr ernster Stimme Sachen wie: »Bridget, das Huhn, besser bekannt als Fräulein Schenkel, starb friedlich als Gummiadler in China. Beerdigung im Backofen heute Abend.«

Ich könnte mich dann immer kringeln, nicht wegen Michas dummen Witzen, sondern weil ich es unangenehm und zugleich lustig finde, wenn der ansonsten ungehemmt fröhliche Nachrichtensprecher (»Gestern starben dreihundert Menschen bei einem Schiffsunglück in Bangladesh – Der Lokalabgeordnete von Ennis versprach drei neue Arbeitsplätze – Die Siegerin der britischen Castingshow ›The X Factor‹ führt ihren Erfolg auf ihre irische Großmutter zurück«) plötzlich auf ernst umschaltet und Todesnachrichten von Hinz und Kunz verkündet.

Letzten Samstag wollte ich mit einer dringenden Sendung noch schnell zum Postamt, bevor es um 13 Uhr schloss, nahm daher das Auto – und stand kurz darauf im Stau in unserem Einstraßendorf. Hundert oder mehr Menschen marschierten gemächlich in voller Breite über die Straße, dazwischen einige Autos in ebenso gemessenem Schritttempo. Ich hupte, es war bereits fünf vor eins, erntete jedoch nur böse Blicke und keinen Zentimeter Rücksicht. Schließlich gab ich auf und schlich hinterher.

Das Postamt war natürlich schon zu, allerdings sah ich mit Schrecken, dass die wandelnden Straßenverstopfer hinter einem Leichenwagen zum Friedhof einbogen. War mir das peinlich!

Ein paar Tage später hörten wir im Radio wieder die Todesnachrichten. Diesmal blieben Micha und mir allerdings die flapsigen Bemerkungen im Hals stecken. John, unser alter Nachbar, war gestorben. Der mit dem Priester-Bruder und dem massiven Weihnachtsessen. Die Beerdigung war schon übermorgen.

»Wieso wissen wir nichts davon?», fragte ich. »Wieso hat uns Mary nicht benachrichtigt?«

»Die wird gerade andere Sorgen haben«, meinte Micha betroffen. »Aber wir müssen heute Abend wenigstens kurz rübergehen und kondolieren«.

Ich wollte nicht bis abends warten und machte mich sogleich auf den Weg.

Mary öffnete die Tür mit verweintem Gesicht. Ich setzte gerade zu meiner Trostrede an, als sie schluchzte: »Danke, sehr lieb von dir, *wake* ist heute Abend«, und sich wieder verzog.

Perplex rief ich Maggie an. Die setzte mich ins Bild: »Heute Abend zeigt ihr im Haus von John und Mary euren Respekt. Ich werde auch da sein. Ach, und vergesst nicht, eine *mass card* mitzubringen.«

Ich hatte keine Ahnung, was eine *mass card* war, aber kaufte irgendeine Kondolenzkarte.

Der ganze Straßenabschnitt stand voller Autos, und als Micha und ich abends zu Mary hinübergingen, war das Haus voll bis in den letzten Winkel. Das ganze Dorf schien versammelt zu sein, und der Küchentisch bog sich unter Essen und Getränken. Mary nickte nur stumm, bot Tee an und nahm uns kaum wahr. Auf dem Kaminsims stapelten sich diesmal statt Weihnachtskarten geschätzte hundert Kondolenzkarten.

»Habt ihr eine *mass card* mitgebracht?«, flüsterte mir Maggie zu, die sich über die Sandwichhäppchen hergemacht hatte.

»Klar, hier, habe ich gleich oben auf den Sims gestellt«, flüsterte ich zurück.

Maggie schaute sie sich an. »Die ist aber nicht vom Priester unterschrieben.«

Bevor ich nachfragen konnte, trat Johns Bruder, Father Paul, auf uns zu, dessen Bekanntschaft wir unter fröhlicheren Bedingungen gemacht hatten.

»Schön, dass ihr da seid. Kommt mit, nehmt Abschied von John.« Er bugsierte uns in eines der Schlafzimmer, wo schon eine Gruppe von Leuten versammelt war.

Zu meinem Entsetzen, und auch Micha wurde ganz blass, stand dort der offene Sarg mit dem toten John. Jeder gab dem Leichnam einen Kuss auf die Stirn oder einen sanften Händedruck. Als ich an der Reihe war, stand ich wie versteinert vor dem Sarg. Ich hatte noch nie im Leben eine echte Leiche gesehen. Ich konnte die doch nicht anfassen!

Priester Paul nahm meine Hand und führte sie zur Stirn von John.

»Ich mochte ihn so«, sagte ich unter Tränen – und ekelte mich gleichzeitig vor dem kalten toten Fleisch.

»Ich weiß«, sagte Paul.

Micha berührte tapfer die Hand des toten John und zog sie gleich wieder zurück – und sich selbst in die Küche zu den Häppchen.

»Und jetzt wollen wir ein Likörchen auf unseren John trinken. John würde das sicherlich gefallen. Wisst ihr noch, wie er damals ...« Paul strahlte und zauberte Johns Lieblingsgetränk Irish Cream hervor.

Und die Party begann.

The Irish Wake

Die Totenwache ist eine der wichtigsten Traditionen im Rahmen irischer Beerdigungen, auch wenn sie heute – vor allem in den Städten – meist in Bestattungsinstituten und nicht im Haus des Toten abgehalten wird. Auf dem Land wird jedoch der Verstorbene noch manchmal in der Nacht vor der Beerdigung im eigenen Haus im offenen Sarg aufgebahrt, damit alle Verwandten, Freunde und Bekannten Abschied nehmen können. Alle bringen etwas zu essen und zu trinken mit, damit die Leute durchhalten. Üblicherweise dauert so eine Totenwache nämlich bis zum nächsten Morgen.

Die Tradition hat mehrere Hintergründe, die noch aus einer Zeit stammen, als eine fundierte wissenschaftliche Feststellung des Todes noch nicht üblich und in der Regel auf dem Land fernab medizinischer Gerätschaften auch nicht möglich war. Da die Beerdigung in Irland relativ schnell, also kurz nach dem Tod vollzogen wird, wurde durch die Totenwache sichergestellt, dass der Tote auch wirklich tot war.

Vermutlich geht die Tradition der Totenwache auf die alte jüdische Regel zurück, dass Tote drei Tage aufgebahrt werden müssen, bzw. auf den jüdischen Jesus, der nach drei Tagen auferstanden war.

Eine schönere und sehr viel irischere Erklärung ist die, dass früher all jene, die ein Glas Bier zu viel getrunken hatten, oft in einen katatonischen Zustand verfielen, weil das Bier aus verbleiten Zinnfässern stammte, was zu einer todesähnlichen Vergiftung führen konnte. Es wurde also am offenen Sarg darüber gewacht, ob der Tote nur sturzbetrunken und vergiftet oder tatsächlich tot war. Deswegen wird beim *wake* auch nur Gutes über den Toten geredet. Man weiß ja nie, ob er nicht vielleicht doch wieder aufwacht ...

Kommentar von: Tina

Beerdigungen sind in Irland so ziemlich das größte Ereignis im Leben eines Menschen. Ich meine das nicht philosophisch, sondern in Hinblick auf die Rituale. Hochzeiten und Taufen als Meilensteine des Daseins sind dagegen eher beiläufige Anlässe.

Beerdigungen haben eine weitaus spirituellere Bedeutung, die älter als das Christentum ist: Der Tote wird von einer Welt in die nächste verabschiedet und auf dem ganzen Weg begleitet. Anders als bei uns in Deutschland, wo der Tote oft wochenlang auf seine Beerdigung warten muss, selten im offenen Sarg aufgebahrt wird und die Trauernden ihn lediglich von der Trauerzeremonie aus zum Grab begleiten. Kein Wunder, dass wir noch nie richtige Leichen gesehen haben.

Einer meiner damaligen irischen Nachbarn war dauernd unterwegs zu irgendwelchen Beerdigungen, auch wenn er die Leute kaum kannte, und das meistens in recht fröhlicher Stimmung, als ginge er zu einer Party. Gut, er machte dabei immer ein trauriges Gesicht, aber er freute sich insgeheim stets auf eine »anständige Beerdigung«.

Oft ließen sich auch die Lokalpolitiker sehen. Das gehört zur sogenannten Bürgernähe – und tut auch der Beliebtheit unter Wählern gut.

Am besten ihr verhaltet euch sehr zurückhaltend und tut nichts, bevor ihr nicht dazu eingeladen werdet. Im Zweifel zeigt ihr euer tiefstes Mitgefühl mit der Floskel *»Sorry for your loss«*.

Kommentar von: Shane

Mal ganz von vorne: Die Radionachrichten über Todesfälle sind absolut wichtig. Alle Iren hören Radio, auch bei der Arbeit, im Auto und natürlich zu Hause beim Frühstück oder Abendessen. Lokalblättchen erscheinen nur wöchentlich, die landesweiten Zeitungen erwähnen nur tote Prominenz. Und da bei uns die Toten ja nach nur ein paar Tagen bereits begraben werden, muss die Nachricht schnell die Runde machen.

Deine Ungeduld bei einem Beerdigungszug sei beim ersten Mal verziehen. Einen Beerdigungszug überholen zu wollen, ist wie der Versuch, dem Tod von der Schippe zu springen. Denkt daran, dass dies die allerletzte Fahrt eines Menschen ist und dass all seine Freunde und Verwandten ihn oder sie ein allerletztes Mal begleiten. Würdet ihr da nicht auch langsam gehen, um den letzten Moment hinauszuzögern? Tradition ist, dass ihr einfach anhaltet oder an die Seite fahrt und damit euren Respekt vor dem Verstorbenen und der Trauer der Hinterbliebenen zeigt. Egal, wie eilig ihr es habt.

Die Sache mit der *mass card* war weit weniger schlimm. Im Grunde ist das eine normale Kondolenzkarte, die aber vom Gemeindepriester unterschrieben wird, der sich damit verpflichtet, eine Messe zugunsten des Toten zu halten. Bei Dutzenden von *mass cards* glaubt aber niemand mehr daran, dass der Priester tatsächlich Dutzende von Messen für den Verstorbenen liest. Na gut, er erwähnt ihn vielleicht mehrmals bei einer Messe namentlich. Dennoch ist es wichtig für die Hinterbliebenen, dass alle, besonders die Kirche, an den lieben Toten denken – und die Priester sind immer dankbar für das Geld für ihre Unterschrift.

Die Totenwache hat tatsächlich etwas mit dem alten Aberglauben zu tun, dass man besser darüber wachen sollte, ob der Tote nicht doch aufwacht. Die Legende der Totbegrabenen entstand ja auch – zumindest literarisch – in Irland. Bram Stoker, der Autor von »Dracula«, des berühmtesten Untoten, war Ire.

Und wegen der alten Furcht, lebendig begraben zu werden, sollen noch heute manche Leute klammheimlich ein Handy in den Sarg zum Toten legen. Man weiß ja nie.

28 Wir Besserwisser-*Germans*

Micha schreibt:

»Die Zeiten ändern sich. Man muss immer auf Trab sein, um mit den jungen Leuten mitzuhalten«, erklärte mir der alte Colm, der mal wieder seinen antiken Laptop in Garys Computerladen brachte, der nicht so recht wollte, wie Colm es sich vorstellte. Der Laptop wollte, genauer gesagt, gar nicht mehr.

»Mach du das«, meinte Gary und verschwand verdächtig schnell mit seiner Teetasse hinten in der Werkstatt.

»Was meinst du, braucht der vielleicht einen neuen Motor?« Colm kennt seinen Traktor, seinen Jeep und seinen Rasenmäher.

»Nein, Colm, du brauchst einen neuen Laptop«, sagte ich, als ich vergeblich versuchte, die Antiquität in Gang zu bringen.

»Du bist doch Deutscher, ihr seid doch immer auf dem neuesten Stand – Vorsprung durch Technik, hä? Du kriegst das hin.« Colm schaute mich erwartungsvoll an.

»Colm«, sagte ich mit unendlicher Geduld, »dein Laptop ist gefühlte hundert Jahre alt. Da hilft auch kein Klebeband und kein Schräubchen mehr. Noch nicht einmal deutsches Technikwissen.«

Colm war beleidigt. »Das sagt ihr Deutschen doch nur, damit wir wieder euren teuren Krempel kaufen und eure Wirtschaft ankurbeln. Aber uns Sparmaßnahmen aufzwingen. Merkel seid ihr alle! – GARY!«

Gary steckte vorsichtig seinen Kopf aus der Werkstatt in den Laden. »Colm, Micha hat recht. Dein Laptop ist nicht mehr zu retten. Das hab ich dir schon beim letzten Mal gesagt.«

»Aber Micha ist Deutscher, der muss es doch wissen ...«

»Nee, Colm«, warf ich ein. »Was hat Computerwissen mit Deutschsein zu tun? Außerdem ist dein Teil japanisch.«

»Ihr steckt doch mit den Japanern unter einer Decke. Alles kleine Hitler!« Und schon marschierte Colm mit seinem Gerät hinaus.

»Der kommt schon wieder«, meinte Gary lässig, als ob das meine größte Sorge sei. »Seit drei Jahren rede ich auf ihn ein, sich ein neues Gerät zu kaufen. Ich hab keine Lust mehr, mir den Mund fusslig zu reden.«

Ich brauchte eine Weile, bis ich meine Spucke wiederfand. »Deswegen hast du ihn mir überlassen? Und jetzt bin ich Hitler? Hitler???«

»Reg dich ab, Micha.« Gary suchte nach seinem Feuerzeug. »Ihr Deutschen habt aber auch so gar keinen Humor.«

»Nö, wir lachen im Keller«, grummelte ich. »Sag mal, weißt du überhaupt, was das für eine Beleidigung ist? Weißt du überhaupt, was Hitler getan hat?«

»Klar«, grinste Gary. »Der hat den Engländern eins auf die Mütze gegeben und anständige Autobahnen gebaut.«

Ich brauchte fünf tiefe Atemzüge, bis ich einigermaßen bereit war, dieser Logik und dem irischen Geschichtsverständnis auf den Grund zu gehen. Erfolglos.

»Jetzt guck nicht so. Ihr seid doch ganz in Ordnung. Nur ein bisschen verkrampft. Wenigstens baut ihr die besten Autos und habt die weltbesten Fußballteams. Ist doch was. – Weißt du übrigens, wie viele Deutsche es braucht, um eine Glühbirne zu wechseln?«

Gary grinste erwartungsvoll, ich fürchtete das Schlimmste.

»Siebenundzwanzig. Einer, der die Leiter hält, einer, der die Birne wechselt, fünf, die die Prozedur beaufsichtigen, und zwanzig, die das Ganze protokollieren, abheften und archivieren. – Und weißt du, wie viele Iren es braucht, um eine Glühbirne zu wechseln? Keinen. Wir zünden Kerzen an.«

Und ich lachte weiterhin ganz deutsch im Keller, während Gary sich vor Lachen nun gar nicht mehr einkriegte.

Kommentar von: Tina

Ihr habt doch sicherlich auch Heinrich Bölls »Irisches Tagebuch« gelesen, oder? Vor allem die Geschichte um den »politischen Zahnarzt«, in der einer der irischen Protagonisten mehr oder weniger behauptet, dass Hitler doch gar nicht so schlecht gewesen sei, und Böll erfolglos versucht, ihm das Gegenteil zu beweisen. Das war vor etwa sechzig Jahren – und bis heute hat sich nicht viel geändert.

Habe ich euch mal von meinem Ausflug auf die Achill Island erzählt? Ich begab mich auf meiner ersten Irlandreise natürlich auf Bölls Spuren. Irgendwann bin ich in einem Pub im Niemandsland gestrandet. Die Wände waren vollgestopft mit Büchern von Böll, und am Nebentisch saß ein alter Mann, der sich charmant an mich rantapste und fragte, ob ich Deutsche sei und ob ich aus Köln komme und Henrik kenne. Henrik? Nee, kenne ich nicht. Aus Köln sei ich auch nicht, sondern aus Berlin. »Ist das in der Nähe von Köln?«, fragte er.

Dann sagte er, dass er den alten *Henrik Boll* noch gekannt habe und dass der ihn völlig falsch verstanden hätte. Der gute Mann hätte absolut nicht verstehen wollen, dass Hitler auch seine Vorzüge gehabt hätte. Aber nett sei er gewesen, hätte immer ein Pint spendiert, der Mr. Boll. Und einen Preis habe er ja auch gewonnen, Gott sei seiner Seele gnädig.

Es scheint übrigens nicht so zu sein, als würde der Name Hitler nur auf Deutsche angewendet. Er wird fröhlich eingeworfen, sobald irgendetwas wie Autorität oder Besserwisserei ins Spiel kommt. Chefs im Büro werden oft als »kleine Hitler« bezeichnet, wenn sie Befehle bellen oder schludrige Angestellte runterputzen. Und es gibt auch Variationen, wie »KZ-Wächter« *(concentration camp warden).* Mein Mitbewohner in meiner ersten WG hat mich doch tatsächlich so bezeichnet, als ich sagte, dass es seine Aufgabe sei, die Fenster zu putzen.

Ich brauchte eine ganze Zeit, um zu begreifen, dass solche Nazi-Vergleiche von Iren beliebig eingesetzt werden und dass ihnen die beleidigende Tragweite solcher Begriffe meist völlig abgeht. Die beste Art, darauf zu reagieren, ist einfach ignorieren – oder eine witzige Replik, die dann auch noch beweist, dass wir Deutschen doch Humor haben. Wenn einem eine einfällt.

Kommentar von: Shane

Das sagt Tina, die auch gerne im Keller lacht und mit dem Ignorieren sonst so ihre Schwierigkeiten hat ...

Aber es stimmt schon, der Hitler- oder Nazi-Vorwurf wird bei uns oft leichtherzig eingesetzt, ohne in seiner ganzen historischen Wucht gemeint zu sein. In irischen Internetforen werden zum Beispiel Teilnehmer, die Rechtschreib- oder Grammatikfehler anderer korrigieren, oft als *»grammar Nazis«* bezeichnet. Das hat nur insofern etwas mit Deutschsein zu tun, als ihr Deutschen ja immer alles besser wisst ...

Eigentlich bewundern wir Iren euch. Doch wirklich. Wir geben es nur nicht so offen zu. Ihr habt wenigstens eine funktionierende Wirtschaft, tolle und zuverlässige Autos, die sich unsereins nicht mehr leisten kann, ein, wie euer Gary schon sagt, super Fußballteam, und alles klappt bei euch, wenn auch manchmal auf komplizierte Art.

Unsere klammheimliche Bewunderung für die Deutschen hat etwas mit unserer Vergangenheit zu tun. Aus dem Geschichtsunterricht ist bei uns hängengeblieben, dass ihr uns im Kampf gegen die britischen Kolonialherren Anfang des 20. Jahrhunderts Waffen geliefert habt. Na gut, der Gegenseite habt ihr auch Waffen geliefert. Aber Geschäft ist Geschäft, von daher sehen wir großzügig darüber hinweg.

Ihr wart es auch, die im Ersten Weltkrieg gegen die Briten gekämpft und damit – also wegen dieser netten Ablenkung – unserer Sache für die Unabhängigkeit genutzt habt. Der Zweite Weltkrieg mag zwar noch grausamer gewesen sein, aber wir waren da ja neutral und hatten nur *The Emergency* (Notstand), wie wir den Krieg nannten. Die versehentliche Bombe auf Dublin verzeihen wir mit links.

Die anhaltende Faszination mit Hitler und dem deutschen Faschismus ist vielleicht den Briten zu verdanken, die sich bis heute obsessiv damit beschäftigen und endlose Dokumentationen auf BBC ausstrahlen, was auch in Irland gesehen wird, Bücher veröffentlichen und selbst in den seriösesten Medien gerne Hitler-Vergleiche anstellen.

In Irland gibt es übrigens schon wieder einen neuen Begriff, wenn es um eine personifizierte Beleidigung gehen soll: Frau Merkel, die uns wegen der Schuldenbegrenzung den Gürtel enger schnallen ließ. Da erhält eine Ehefrau oder Freundin, die ihrer besseren Hälfte nachruft: »Und gib nicht wieder so viel Geld im Pub aus!«, gerne die grinsende (deutsche) Antwort: »Jawoll, Frau Merkel!«.

29 Und? Ist Irland schön?

Jo schreibt:

Jetzt leben wir schon fast zwei Jahre in Irland. So viel ist passiert, viel Beglückendes und viel Verblüffendes. Wir haben Freunde gefunden, aber es gab auch Menschen, mit denen wir nicht so recht warm wurden. Wir haben uns manchmal geärgert und häufig gefreut.

Neulich sprach ich mit Maggie über das anstehende Gemeindefest. Nur eine kleine Geschichte am Wochenende mit Kinderunterhaltung und dem Verkauf von selbst gemachten Marmeladen, Kuchen und Häkeldeckchen, um Geld für die Kirche zu sammeln.

»Prima«, sagte ich, »da helfen wir gerne aus. Ich könnte mit den Kindern ein paar Spiele machen, und Micha würde sicherlich einen Flyer fürs Fest entwerfen.« Ich merkte, dass ich große Lust auf gemeinschaftliche Aktivitäten hatte, vor allem wenn sie auch noch nützlich waren.

Maggie druckste herum. »Also, ich glaube, die haben da schon jemanden für die Kinderspiele. Und die Tochter von Teresa macht die Handzettel. Aber nett, dass du fragst.«

»Das macht doch nichts. Irgendwas können wir sicherlich beitragen. Wäre doch schade, wo wir doch mittlerweile auch zum Dorf gehören.«

»Na ja«, meinte Maggie, und es war ihr sichtlich peinlich. »Ihr gehört schon zum Dorf, aber eben nicht zur Gemeinde.«

Das traf mich hart. Ich dachte, Maggie wäre meine Freundin.

Am Abend stießen wir im Pub auf Garys Onkel Pat. »So«, sagte Pat, »wo seid ihr denn zu Hause?«

»Na, oben hinter dem gelben Haus und dann um die Ecke.«

»Nein, ich meinte, wo geht's hin, wenn ihr nach Hause fahrt?«

Ich guckte ziemlich dumm aus der Wäsche. »Äh, von hier aus laufen wir immer.«

Jetzt schaute Pat perplex.

Gary mischte sich ein: »Pat will wissen, wo ihr herkommt. – Die beiden sind aus Deutschland, Pat.«

»Ah. Und wie lange bleibt ihr in Irland?«

»Ich weiß nicht. Ich denke ... für immer?«

»Dann gefällt euch Irland also.« Pat blickte zufrieden drein. »Und, was haltet ihr von den Iren?«

Micha drehte sich zu uns um. »Wenn ihr eine anständigere Regierung hättet und weniger Korruption, wäre alles prima«, sagte er in schönster Stammtischlaune.

Pat gefror das Lächeln.

»Ich finde die Iren sehr nett, so hilfsbereit und freundlich«, versuchte ich abzuwiegeln.

»Ja, schon.« Micha war in Diskussionslaune und nicht zu bremsen. »Aber schaut doch mal, wie die alte Regierung die Wirtschaft in den Sand gesetzt hat.« Ein Schluck Bier, um die Kehle anzufeuchten. »Und was seither alles ans Tageslicht gekommen ist, wie mit windigen Mitteln ein Boom erzeugt wurde, der alle in die finanzielle Bredouille gebracht hat.«

Pat machte sichtlich dicht.

»Ich meine«, fügte Micha hinzu, dem Pats Ausdruck nicht entgangen war, »ihr schimpft doch auch immer auf die alte Regierung. Wegen der sitzt ihr doch jetzt voll in der Sch... Und die neue scheint auch nicht besser zu sein.«

»Du verstehst das nicht. Das ist unsere Sache«, meinte Pat nur trocken und widmete sich seinem Bier.

»Was ist denn jetzt los?«, fragte Micha mich. »Kann man hier noch nicht einmal über Politik diskutieren? Ich habe doch nicht die Iren kritisiert, sondern nur die Regierung. Systemkritik! Dabei meckern Gary und ich doch auch oft über das doofe Establishment in Dublin.« Micha schaute ziemlich bedröppelt und murmelte: »Wir sind doch hier auch Steuerzahler. Da darf man doch wohl auch ein Wörtchen mitreden.«

»Aber wir gehören nicht zur Gemeinde«, flüsterte ich ihm ins Ohr. »Komm, gehen wir nach Hause und köpfen eine Flasche Wein und lästern ganz unter uns, okay?«

Kommentar von: Tina

Die Fragen wurden mir damals auch dauernd gestellt: »Gefällt dir Irland? Was hältst du von den Iren?« Die ersten Male habe ich gesagt, was ich denke, also was wir so »Systemkritik« nennen. Außerdem habe ich meine Klappe immer dann aufgerissen, wenn irgendetwas für mich so offensichtlich daneben war, dass ich dachte, jeder denkende Mensch müsste das auch so sehen. Zum Beispiel bei Energieverschwendung, wenn also das ganze Haus hell erleuchtet und die Heizung in allen Zimmern auf mindestens fünfundzwanzig Grad eingestellt war. Ich dachte, dass es natürlich wäre, Leute auf Sparmaßnahmen und sinnvolles Wirtschaften hinzuweisen.

Pustekuchen. Sobald ich gut gemeint meinen Senf dazugab, wurde nur freundlich genickt und verkrampft gelächelt – und Ende der Diskussion.

Was ich gelernt habe, ist, dass Iren von uns immer gelobt oder zumindest nicht kritisiert werden wollen. Da mögen sie die eigenen Fehler oder die ihrer Regierung noch so sehr einsehen, als Ausländer hat man den Mund zu halten.

Das fällt einem natürlich umso schwerer, je mehr man sich fast schon selbst als Ire oder Irin versteht und sich alle Mühe gibt, mitzuziehen und sich einzugliedern. Aber selbst wenn du als hier lebender Ausländer bei den Kommunalwahlen dein Kreuzchen setzen darfst, dazugehören tust du noch lange nicht.

Wenn ihr dennoch in Lokalaktivitäten eingebunden werden wollt, reicht es völlig, wenn ihr beiläufig Bereitschaft signalisiert und ebenso beiläufig erwähnt, was ihr zu bieten habt. Wird Hilfe gebraucht, wenden sich die Leute schon an euch, aber nie, wenn ihr ihnen etwas aufdrücken wollt.

Kommentar von: Shane

Blow-ins bleiben *blow-ins,* da hilft es nicht einmal, wenn diese »Reingewehten« Iren sind. Sobald sie aus einer anderen Region hinzuziehen, gehören sie nicht zur Gemeinde. Manchmal wird im Dorf sogar darauf hingewiesen, dass der eine oder andere aus dem nächsten Dorf stammt, also auch zugereist ist.

Wir haben einen ganz eigenen Heimatbegriff: Heimat ist dort, wo man herkommt, nicht, wo man lebt. Ihr könnt noch so lange in dem Dorf leben, ihr bleibt immer die, die woanders ihr wahres Zuhause haben. Das würde sogar noch für eure Kinder und Enkel gelten, selbst wenn die in Irland geboren und aufgewachsen sind, und auch dann, wenn ihr die irische Staatsbürgerschaft annehmen würdet.

Irische Diaspora

Die Zahl der irischstämmigen Menschen, die in der ganzen Welt verstreut sind, kann nur geschätzt werden, je nachdem, wer alles irische Vorfahren für sich beansprucht. Grobe Schätzungen gehen von 60 Mio. Menschen aus, mal mehr, mal weniger.

Iren wanderten nicht erst seit der Großen Hungersnot von 1845 bis 1850 aus. Schon zuvor flohen die Menschen vor den harten Bedingungen und der Armut in andere Länder, zunächst ins benachbarte England oder Schottland, aber auch zunehmend in die USA. Viele gingen nicht freiwillig. Ein großer Teil wurde für Vergehen oder Verbrechen welcher Art auch immer von den englischen Kolonialherren in die Neue Welt nach Australien verschleppt, vorzugsweise Frauen und Kinder, um die neuen Kolonien zu besiedeln.

Der größte Auszug aus Irland begann jedoch tatsächlich mit der Hungersnot, als viele Iren keine andere Möglichkeit mehr sahen, als auf sogenannten *coffin ships,* »Sargschiffen«, eine bessere Welt oder in vielen Fällen den Tod zu finden.

1841 lebten laut Volkszählung um die acht Mio. Menschen in Irland, eine Mio. starb am Hunger und seinen Folgen, eine weitere Mio. wanderte mehr tot als lebendig aus. Bis zur Mitte des 20. Jahrhunderts sank die Einwohnerzahl auf etwa 2,4 Mio. Menschen.

Heute hat das Land einschließlich Nordirland wieder gut sechs Mio. Einwohner, auch dank vieler ausländischer Migranten in den vergangenen Jahren. Seit der Wirtschaftskrise jedoch tun die Iren das, was sie schon immer taten, wenn die Arbeit knapp und das Leben härter wird: Sie wandern aus.

Viele Amerikaner oder Australier empfinden sich noch immer als zutiefst irisch, auch wenn ein Vorfahr bereits im 19. Jahrhundert aus Irland ausgewandert ist. Die grüne Insel bleibt für immer die alte Heimat. Deswegen hängen wir auch an so uramerikanischen Familien wie der von John F. Kennedy, dem ersten »irischen« amerikanischen Präsidenten, der in Irland noch immer als einer der unseren gilt, obwohl er die Insel nur von den üblichen Staatsbesuchen kennt. Und deswegen wird bei jedem neuen amerikanischen Präsidenten nachgeforscht, ob er nicht irgendwo versteckte irische Wurzeln hat. Meistens hat er sie, sogar Barack Obama, der ja nun wirklich keinen irischen Eindruck macht. Hauptsache ist, wir haben einen Grund, auf Menschen »irischer Herkunft« stolz zu sein.

Was in Irland übrigens als befremdlich empfunden wird, sind Zugewanderte, die versuchen, irischer als die Iren zu sein. Dieses Imitieren äußert sich zum Beispiel darin, dass sie sich weigern, ihre Muttersprache zu sprechen, sich an jegliches Verhalten und an jede Unsitte anzupassen versuchen und schlichtweg als »falsch« rüberkommen. Das passiert oft – so ungern ich es sagen möchte – bei deutschen Einwanderern. Es mag zwar gut gemeint sein, aber manchmal ist es einfach zu viel des Guten.

Also bleibt, wer ihr seid, bleibt so deutsch, wie ihr wollt oder euch fühlt – das lässt sich ja ohnehin nicht ändern. Und respektiert das Anderssein der Iren. Und wir sind ganz schön anders, als ihr euch das gedacht habt, oder?

Und? Findet ihr Irland noch immer schön?

Kommentar von: Micha

Unbedingt! Die Iren sind zwar manchmal ein Haufen Chaoten, der mich in den Wahnsinn treibt, aber nie zuvor habe ich so viel über mich selbst erfahren wie in eben dieser Reibung mit einer Kultur, die ich als so anders gar nicht vermutet hätte. Ein einheitliches Europa ist wahrscheinlich noch lange eine Illusion. Aber das ist auch gut so.

Im besten Fall stellt man seine eigene eingefahrene Einstellung in neuer und zunächst fremder Umgebung in Frage. Im schlimmsten Fall stellt man die anderen in Frage.

Ich jedenfalls bin froh, dass wir diesen Schritt gewagt haben, auch wenn mich manchmal, wenn ich mal wieder gar nicht weiß, was hier Sache ist, das Heimweh plagt.

Wann kommt ihr uns besuchen?

Kommentar von: Jo

Keine Frage, wir bleiben! Gut, nach Maggies Bemerkung, dass wir nicht zur Gemeinde gehörten, habe ich mir zunächst ernsthaft überlegt, was wir hier eigentlich machen und ob wir nicht lieber zurück nach Berlin gehen sollten, wo alles vertraut ist und wo das Leben ohne groß nachzudenken vonstatten geht. Die alte Heimat erschien plötzlich in einem strahlenden Licht.

Und dann habe ich mir vorgestellt, wieder im alten Sumpf zu leben, und plötzlich empfand ich Heimweh nach Irland.

Der Umzug nach Irland war das Beste, was wir jemals getan haben. Noch immer ist die grüne Insel unser Traumland – wenn auch manchmal mit Haken, Ösen und Fettnäpfchen. Und ja, Shane: Irland ist toll. Auf verrückte, manchmal nervenaufreibende, oft liebenswerte und absolut süchtig machende Art.

Kommentar von: Tina

Tom hat eben Flüge gebucht. Irland, wir kommen!

Glossar

Hier sind ein paar Wörter und Begriffe aufgeführt, die im alltäglichen Leben in Irland hilfreich sein können. Die Aussprache der irischen Begriffe, sofern sie vom geschriebenen Wort abweicht, ist in Klammern kursiv aufgeführt.

An Lár	Zielangabe auf Bussen in Dublin, heißt schlichtweg »Stadtzentrum«, ergo: Busse mit dieser Aufschrift fahren in die Stadt
Black/White pudding	Bestandteil des irischen Frühstücks; würzige Fleischprodukte, die mit Blut- und Weißwurst zu vergleichen sind; sind fest und werden in Scheiben geschnitten gebraten
Bless you!	Gesundheit! Niest jemand, wird das in der Regel ignoriert; wer eine nette Anmerkung machen will, sagt *Bless you!*
Bodhrán *(bohrón)*	irische Handtrommel, die aus einem runden Rahmen von etwa 35 bis 45 cm Durchmesser besteht, über den einseitig Ziegenhaut gespannt ist, auf der mit einem Doppelklöppel geschlagen wird; bei Musiksessions nur noch selten zu hören
Bog oak	Mooreiche; alte Eichenstämme, die über Jahrhunderte, wenn nicht Jahrtausende in den Mooren durch die Luftabschließung und das säurehaltige Moorwasser konserviert wurden; das Holz ist schwarz, eisenhart und außerordentlich haltbar; heute werden daraus v.a. Ornamente oder auch Schmuckstücke gefertigt

Boreen *(borien)*	kleine einspurige Straße oder Feldweg, der zwar noch befahrbar ist, aber eigentlich nur von Anwohnern oder Landwirtschaftsfahrzeugen benutzt wird
Bóthar *(boher)*	Straße; ist auf vielen Straßenschildern in Städten zu sehen (wenn überhaupt Straßenschilder zu sehen sind)
Brown/Soda bread	typisches irisches Brot, das mit Natron oder auch Backpulver, aber ohne Hefe gebacken wird; besteht aus Weizenmehl und Weizenvollkornmehl, Natron, Buttermilch und Salz; jede Hausfrau hat ihr eigenes Rezept; leider ist das Brot nicht besonders haltbar, wird schnell krümelig oder hart; schmeckt am besten frisch gebacken mit gesalzener Butter
Céilidh *(keeli)*	Party mit traditioneller Livemusik und Tanz
Celtic Tiger	ausgestorbenes Wundertier; tauchte erstmals 1994 auf, als der britische Ökonom Kevin Gardiner den unerwarteten Wirtschaftsaufschwung Irlands mit den sogenannten Tigerstaaten Asiens verglich; verendete kläglich 2008, als die Wirtschaft Irlands zusammenbrach
Ceoil *(koul)*	Musik, in der Regel traditionelle irische Musik
Chipper	Pommesbude; besonders beliebt nach Schließung der Pubs, wenn alle Welt beim *chipper* Schlange steht, um den Après-Alkohol-Hunger möglichst fettig zu stillen
Chips	Pommes frites
Claddagh-Ring *(cladda)*	berühmter irischer Ring, der ein Herz mit einer Krone zeigt, das von zwei Händen festgehalten wird; symbolisiert ewige Liebe und Treue; zeigt die Krone zur Hand des Trägers oder der Trägerin, bedeutet es, dass er oder sie noch zu haben ist; zeigt die Krone zur Fingerspitze, ist man vergeben
Clochán	irisch: Bienenkorbhütte; frühchristliche Mönchsbehausung, die ohne Mörtel in der Trockensteinbauweise und in Bienenkorbform errichtet wurde; englisch: *beehive hut*

Connemara Marble	wunderschön gemaserter, grüner, sehr harter Marmor; wird in den Tälern des Gebirgszugs Twelve Bens in Connemara abgebaut; sehr selten und teuer; wird in der Regel als Schmuckstein verarbeitet
Craic *(cräck)*	Spaß, fröhliches Beisammensein, alles, was Freude macht; *it was great craic* heißt es, wenn etwas einen Heidenspaß gemacht hat
Crannóg	künstliche Wohninsel in einem See, die seit prähistorischen Zeiten als Schutz vor Überfällen und wilden Tieren gebaut und teilweise noch bis ins 17. Jahrhundert genutzt wurde
Crisps	Chips, also die Kartoffelknusper aus der Tüte; verwirrend, da *chips* im Englischen »Pommes frites« bedeutet
Culchie	oft abwertend für Landei benutzt; leitet sich von *agriculture,* Landwirtschaft, ab, was sich im weichen irischen Englisch wie agri-culscher ausspricht
Cuppa *(coppa)*	Tässchen (Tee); wird in der Regel angeboten, wenn man Iren besucht: *»Cuppa?«*
Currach *(cureck)*	traditionelles irisches Segelboot, das optisch einer Nussschale gleicht und ursprünglich aus Tierhäuten gefertigt wurde; ist heute nur noch selten zu sehen
Dáil *(doil)*	Unterhaus des irischen Parlaments; das Oberhaus ist der *Seanad (schennet),* der Senat
DART	Abkürzung für *Dublin Area Rapid Transit;* S-Bahn in Dublin
Dolmen	megalithische Grabstätte, die meist aus zwei oder mehreren stehenden Steinen und einem Deckstein besteht und somit eine Art Tisch bildet; ursprünglich von einem Erdhügel bedeckt, der im Lauf der Jahrtausende durch Erosion verschwand
Fáilte *(foltchje)*	Willkommen; Name der irischen Tourismusbehörde *Fáilte Ireland*
Fir	Mann; häufig noch auf Toilettentüren zu sehen; ▶ *Mnà*

Fleadh *(fla)*	Fest/Festival
Gaeltacht *(gältocht)*	Gebiete, in denen offiziell irisch gesprochen wird und Ausschilderungen bis 2012 ausschließlich auf Irisch existierten; die größten Gaeltacht-Gebiete sind in den Countys Galway, Mayo und Donegal, kleinere Gebiete befinden sich in Kerry und Cork, winzige »Sprachinseln« in Waterford und Meath
Galway Hooker	typische Boote mit dunkelroten Segeln in der Galway Bay; sind für starken Wellengang gebaut; *hooker* ist die Anglisierung des irischen Begriffs *»húicéir«;* führt bei amerikanischen Touristen oft zu Heiterkeit, da *hooker* im Amerikanischen »Hure« bedeutet
Gaol *(dschäil)*	Gefängnis; altes englisches Wort, das modernisiert *»jail«* geschrieben wird
Garda	Polizist, wörtlich »Wächter«; Plural: *gardaí (gardie);* die irische Polizei heißt *An Garda Síochána* (*an garda schichana* – das ch wie im deutschen »hoch« gesprochen), wörtlich: »Wächter des Friedens«
God bless	ähnlich wie im Süddeutschen: Grüß Gott; wird häufig als »Auf Wiedersehen« benutzt
Grá	Liebe; *le grá* heißt »mit Liebe«
Guinness	berühmteste *stout*-Marke der Welt; wird in Dublin gebraut; schwarzes Bier mit cremig heller Schaumkrone, das nicht nur das berühmteste Gebräu Irlands ist, sondern auch sorgfältig gezapft werden muss; Guinness muss dreimal aufgefüllt werden und die richtige Temperatur besitzen, um als ein »gutes Pint « durchzugehen
Hurling	ältestes irisches Mannschaftsspiel; wird seit 2.000 Jahren gespielt; das Spiel, bei dem pro Team 15 Männer mit Schlägern einen kleinen Ball jagen, ist angeblich die härteste Sportart der Welt und eine absolute Leidenschaft in Irland; die von Frauen gespielte Variante heißt Camogie
Iarnrod Èireann *(jornrod ärann)*	irische Eisenbahn, anglisiert auch *Irish Rail*

Irisch	eine Variante der gälischen Sprachfamilie, die auch noch in jeweils eigener Form in Schottland und auf der Isle of Man existiert; im Deutschen bisweilen einfach »Gälisch« genannt, in Irland stets nur als »Irisch« bezeichnet
Irish Coffee	Kaffeespezialität mit Whiskey, braunem Zucker und Sahnekrone; wurde von einem irischen Barkeeper in den 1940er-Jahren im Flughafen Foynes, dem Vorläufer des Shannon Airports, erfunden; die Sahne darf nur halb geschlagen und nicht verrührt werden; gleicht optisch einem Glas Guinness
Jackeen	leicht abschätziger Begriff für Dubliner; Ableitung von der britischen Flagge Union Jack, die die Dubliner, als Irland noch britische Kolonie war, fleißig geschwenkt haben sollen, da sie mehr britisch als irisch waren; böser ist die Bezeichnung *»West Brit«* – Westbrite
Keltisches Kreuz	der korrekte Name lautet Hochkreuz; hat mit den Kelten wenig zu tun; erfunden der Legende nach von St. Patrick, dem Nationalheiligen Irlands; christliches Kreuz, das sich in das heidnische Sonnenrad einfügt; ursprünglich dienten die alten, reich geschmückten Kreuze als eine Art Bilderbogen mit biblischen Geschichten den leseunkundigen Gläubigen; erst im 19. Jahrhundert wurden sie auch als Grabkreuze populär
Kilt	wird gelegentlich bei festlichen Anlässen, wie politischen Märschen oder musikalischen Umzügen, von irischen Männern getragen; hat in Irland (anders als in Schottland) keine Tradition, sondern wurde erst gegen Ende des 19. Jahrhunderts als Symbol gälischer Identität übernommen; die Farben des Kilts sind willkürlich und bezeichnen keine Clan-Zugehörigkeit
Lambeg Drum	riesige, doppelseitig bespannte Trommel, die vor den Bauch gespannt wird und den Trommler fast verschwinden lässt; wird hauptsächlich in Nordirland von Mitgliedern des Oranier-Ordens für ihre Paraden um den 12. Juli benutzt

Leprechaun *(lepperkoon)*	legendäre Kobolde meist mit rotem Bart, grünem Anzug und grünem Hut; spielen den Menschen gerne Streiche und hüten ihren goldenen Münzschatz in einem Topf am Ende des Regenbogens; häufig auf Festen zu sehen, ist dort meist nicht mehr sicher auf den Beinen und spricht überwiegend mit amerikanischem Akzent
Lethreas *(leros)*	Toilette; wichtiges Wort, wenn man sich in einem Gaeltacht-Gebiet aufhält und im Pub oder Restaurant nach dem stillen Örtchen sucht
Lough *(loch)*	See
Luas *(lu-es)*	irisch: Geschwindigkeit; euphemistischer Name für die Dubliner Straßenbahn, die nur aus zwei Linien besteht
Mná	Frau; häufig noch auf Toilettentüren zu sehen; Verwechslungsgefahr, da es sich leicht wie »Mann« liest ▶ *Fir*
Ogham *(o-em)*	frühmittelalterliches irisches Alphabet, das aus geraden Kerben in verschiedenen Anordnungen besteht; erhalten blieb es vornehmlich auf den Ogham Stones, aufrechten Steinen mit eingeritzten Zeichen
Óstán	Hotel/Unterkunft
Pint	typisches Maß für Bier, nämlich 568 ml, nicht mehr und nicht weniger; das Pint-Glas wird bis zum Rand vollgeschenkt
Poitín/Poteen *(potschien)*	schwarz gebrannter klarer Schnaps aus Getreide oder Kartoffeln mit extrem hohem Alkoholgehalt (60–90 %); seit 1997 existiert auch legaler *Poitín,* der meist in Touristenläden verkauft wird; echter Schwarzgebrannter ist nur mit guten Verbindungen und unter der Hand zu erhalten – und nur verdünnt zu genießen
Provinzen	Irland besteht aus vier historischen Provinzen: Leinster, Munster, Connaught und Ulster; Leinster ist – grob – der Osten und Südosten, Munster der Süden und Südwesten, Connaught der Westen und Ulster der Norden; Ulster besteht aus neun Countys, von denen sechs zu Nordirland gehören, und wird in Großbritannien oft fälschlicherweise als Synonym für Nordirland verwendet

Rasher	Frühstücksspeckscheibe
Rauchen	in allen öffentlichen Gebäuden verboten, auch in Pubs; deswegen entwickelte sich eine Art Biergartenkultur, d.h. Pubs haben eine Raucherecke im Freien, manchmal überdacht und mit Sitzgelegenheiten und Heizstrahlern
Rebel County	Als Rebellen-County wird Cork seit dem Unabhängigkeitskrieg zu Beginn des 20. Jahrhunderts bezeichnet, da es eine Schlüsselrolle spielte und die Corker ohnehin als aufmüpfig gelten; Cork hält sich für die eigentliche Hauptstadt Irlands und steht in mehr oder weniger spielerischer Konkurrenz zu Dublin, das wiederum versucht, Corker als Landeier abzutun; in Cork trinkt man nicht Guinness, sondern *Murphy's* oder *Beamish,* ein ebenso schwarzes *stout,* das aber in Cork gebraut wird; mittlerweile gibt es sogar einen eigenen »Pass« für die selbsterklärte *People's Republic of Cork* (Volksrepublik Cork)
Regen	»Deswegen ist Irland ja auch so schön grün« lautet die gängige Entschuldigung für den häufigen Regen; kommt in verschiedenen Formen vor, sei es als nahezu tropischer Schauer, als waagrechte Nadelspitzen bei starkem Wind, als endloser Dauerregen, als Hagel, als Niesel oder, wenn die Wolken tief hängen, als durchdringende Feuchtigkeit; ist nie weit entfernt und kann auch an sonnigen Tagen urplötzlich auftauchen; beliebtes Gesprächsthema und eine übliche Begrüßungsformel: *Isn't it a lovely day?* (es regnet gerade nicht), *It's a soft day* (es nieselt), *Not a bad day* (es regnet nur leicht), *Miserable day, but could be worse* (es schüttet aus Eimern)
Ringfort	ringförmige Befestigungen um Gehöfte und Kleinsiedlungen; etwa vor 1.000 bis 3.000 Jahren entstanden; zuweilen Erdwälle, die in der irischen Landschaft nur noch vage wahrzunehmen sind, andere sind aus Stein, deren Ruinen noch vielerorts erhalten sind

Scones	kleine Brötchen, die schnell zubereitet sind, da sie nur aus Mehl, Butter, Zucker, Milch und Backpulver, manchmal Rosinen, bestehen; schmecken am besten frisch mit Schlagsahne und Marmelade
Seanchai *(schä-nokie)*	Geschichtenerzähler; wunderbare Tradition, und das nicht nur für Kinder; manchmal steht in ländlichen Pubs ein Mann (es sind meistens Männer) auf und erzählt lebhaft eine Geschichte, bei der alle mucksmäuschenstill zuhören; Iren sind gut im Geschichtenerzählen
Seisùn/Session	mehr oder weniger spontanes Musizieren in Pubs; in der Regel werden zwei bis drei Musiker vom Wirt eingeladen und bezahlt, zu denen sich diverse andere hinzugesellen; manchmal besteht eine solche Musikersession aus bis zu zehn Personen, auf Festivals können es auch bis zu 20 werden
Shamrock	anglisierte Form des irischen Worts *»seamróg«:* kleines Kleeblatt; der Legende nach hat St. Patrick das dreiblättrige Kleeblatt dazu benutzt, den irischen Heiden die Dreieinigkeit des christlichen Gottes zu erläutern; Shamrock-Sträußchen werden am St. Patrick's Day am Revers getragen
Sheila-na-gig *(schiela-na-gig)*	mittelalterliche weibliche Steinfigur mit grotesk vergrößerten Geschlechtsteilen; wörtlich: alte Frau mit Brüsten; vermutlich Fruchtbarkeitsgöttin aus vorchristlicher Zeit; sind merkwürdigerweise oft diskret in mittelalterliche Kirchenmauern eingelassen, angeblich um Tod und Verderben abzuweisen
Shillelagh *(schillelee)*	Gehstock aus knorrigem Schwarzdorn oder Eiche mit verdicktem Griff; historisch auch als Knüppel bei Streitigkeiten eingesetzt
Síbín/Shebeen *(schibien)*	historische Bezeichnung für illegale Kneipe oder Spelunke; blieb in manchen Pubnamen erhalten
Six Counties	Nordirland wird nicht immer Northern Ireland genannt, da das der offizielle britische Name für die sechs Counties ist, die nach der Unabhängigkeit von 1921 im britischen Reich blieben; für →

	Republikaner, die diesen Zipfel Irlands noch immer zurückhaben wollen, sind es die *Six Counties*, im Norden manchmal auch als *»Wee Six«* (die kleinen Sechs) bezeichnet. Wer weder den einen noch den anderen politisch behafteten Namen verwenden will, sagt *»the North«*
Sláinte *(slontschje)*	Prost; wörtlich: Gesundheit; wird noch häufig verwendet
Slán *(slon)*	Tschüss; manchmal noch an Ortsausgangsschildern zu sehen und wird auch im Alltag noch häufig verwendet
Snug	kleine Nische in Pubs, manchmal mit Tür, in die sich Gäste zurückziehen können; ursprünglich ein abgeteilter Raum, in dem sich Frauen oder Priester einen Drink genehmigen konnten, ohne sich tatsächlich im öffentlichen Pub (kurz für: *public house*) aufzuhalten (Frauen war es lange Zeit nicht gestattet, ohne Begleitung in den Pub zu gehen, und auch für Priester galt es als unschicklich, mit ihren Gemeindemitgliedern einen zu heben)
Sorry	Entschuldigung; wird so inflationär eingesetzt, dass die eigentliche Bedeutung verwässert ist; *»sorry«* sagt z. B., wer versehentlich jemanden anrempelt, *»sorry«* sagen aber auch jene, die angeschubst wurden; *»sorry«* wird auch gesagt, wenn gar nicht geschubst wurde oder wenn man sich im Pub an die Bar drängeln und andere Drängler beiseiteschieben will; oft entwickelt sich ein *sorry*-Marathon, wenn man etwa auf einem Gehsteig oder durch einen Gang im Supermarkt läuft
Standing Stone	Hinkelstein oder Menhir; altbretonisch: langer Stein; aufgerichteter, länglicher Monolith, hauptsächlich aus der Jungsteinzeit; vermutlich dienten sie kultischen Zwecken; in Irland gibt es davon schätzungsweise noch 2.000
Tánaiste *(tonischte)*	offizielle Bezeichnung des Vizepremierministers; wörtlich: mutmaßlicher Erbe (falls der Premier stirbt oder sein Amt nicht ausüben kann)

Taoiseach *(tieschock)*	offizielle Bezeichnung des irischen Premierministers; wörtlich: Häuptling
Thatched Cottage	typisches irisches Cottage, entweder mit Stroh oder Reet gedeckt; in früheren Jahrhunderten traditionelle Unterkunft von Kleinbauern und Pächtern; heute gibt es nur noch ca. 2.000, die meisten wurden in Museumsdörfern oder als romantische Touristensiedlung nachgebaut, einige blieben als Pubs oder Restaurants erhalten
Torf	ein Torffeuer gehört zum irischen Cottage wie der Whiskey in den Pub; in Irland gibt es die größten Moorlandschaften Europas: Viele stechen dort im Frühsommer ihren eigenen Torf, der bis zum Herbst zum Trocknen aufgeschichtet wird; in einigen Zentralgebieten wird Torf maschinell abgebaut und als gepresste Briketts verkauft; zu beachten ist, dass Torf kein erneuerbarer Brennstoff ist und der Abbau wertvolle Biotope zerstört
Trá	Strand; oft auf Hinweisschildern zu Stränden zu sehen oder in Ortsnamen, wie in Tramore oder Tralee
Turlough *(törloch)*	wörtlich: trockener See, was nicht so paradox ist, wie es sich anhört: *Turloughs* sind Seen, die ebenso plötzlich auftauchen wie sie wieder verschwinden; v.a. im Burren, wo der poröse Kalkstein dafür sorgt, dass bei starken Regenfällen das unterirdische Wasser an die Oberfläche steigt und einen See bildet und bei Trockenheit wieder verschwindet
Uillean Pipe *(illen peip)*	irischer Dudelsack; wörtlich: Ellbogenflöte; wird anders als der schottische Dudelsack nicht mit dem Mund geblasen, sondern mittels eines Blasebalgs, der mit dem Ellbogen gepumpt wird
Whiskey	Allheilmittel, das irische Mönche im 6. Jahrhundert erstmals gebraut haben und *»uisce beatha« (ischke bähe),* Lebenswasser, nannten; der irische Whiskey wird mit einem zusätzlichen e geschrieben; Whisky, also schottisches, amerikanisches, kanadisches oder sonstiges Lebenswasser, taugt nichts – sagen die Iren

Moderne Rebellen in einer alten Welt

Jörg Endriss und Sonja Maaß
CHINAKINDER
Moderne Rebellen in einer alten Welt

ISBN 978-3-95889-137-1
ISBN 978-3-95889-127-2

»Jedes einzelne Kurzporträt ist lesenswert – dieses Buch verdient jede Empfehlung.« (Literaturwelt)

***»Was die Lektüre so spannend macht, ist das Spannungsfeld, in dem die junge Generation in China versucht, die eigenen Träume zu verwirklichen.«** (Sinograph.ch)*

Viele junge Chinesen wollen nicht mehr nur Karriere und Reichtum als Lebensziel sehen und mit Scheuklappen durch Schule und Universität getrieben werden. Eingezwängt zwischen den Erwartungen von Staat, Familie und Gesellschaft haben sie Träume, die für uns selbstverständlich sind: Sie wollen ihren Lebensweg selbst bestimmen, etwas Sinnvolles erreichen und eine Arbeit finden, die ihnen Erfüllung bringt. Dafür müssen junge Menschen in China allerdings große Widerstände überwinden und sich gegen konservative Eltern und traditionelle Konventionen durchsetzen. Als stille Rebellen versuchen viele, dem allgegenwärtigen Druck der Gesellschaft zu entfliehen.

Lesen Sie von dem jungen Finalisten einer Schriftzeichen-Quizshow, von Studenten, die schon zu Beginn des Studiums komplett ausgebrannt sind, und von Punks, die ihren ganz eigenen chinesischen Rock-'n'-Roll-Lifestyle leben – aber auch von einem Mädchen in ihren Zwanzigern, das offiziell gar nicht existiert, von Wanderarbeitern, die in Kellern ohne Tageslicht wohnen, und Homosexuellen, die sich nicht mehr hinter der Fassade einer Ehe verstecken wollen.